GRÜNE PROTEINE

Tofu, Linsen, Kichererbsen, Adzukibohnen

Cécile und Christophe Berg

av BUCH

INHALT

Grüne Proteine

Da wir gern und mit großem Genuss essen, sind wir immer auf der Suche nach originellen Ideen, um unsere Gaumenfreuden mit dem Wunsch nach gesunder, ausgewogener Ernährung in Einklang zu bringen.

Als Sportler achten wir natürlich besonders auf eine abwechslungsreiche Eiweißzufuhr. Eiweiße spielen nicht nur beim Sport, sondern auch für unsere alltägliche Gesundheit eine zentrale Rolle, sie unterstützen den Körper dabei, sich zu regenerieren und Kraft aufzubauen. Der Organismus ist nicht in der Lage, gewisse für seine Funktionsfähigkeit wesentliche Elemente zu synthetisieren. Diese essenziellen Aminosäuren müssen durch die Nahrung aufgenommen werden.

Da wir beide begeisterte Köche sind, beginnt für uns der Genuss schon bei der Auswahl und Verarbeitung gesunder, hochwertiger Produkte. Als Zutaten bevorzugen wir unraffinierte, möglichst naturbelassene rein pflanzliche Bioprodukte. Selbstverständlich absolut cholesterin- und laktosefrei. Fast alle unsere Rezepte sind auch glutenfrei, dementsprechend auch für Menschen geeignet, die empfindlich auf dieses Allergen reagieren.

Dieses Buch beschäftigt sich mit vier großen Familien von Hülsenfrüchten: Soja, Linsen, Bohnen und Erbsen. Sie alle gehören zu den pflanzlichen Nahrungsmitteln, mit dem höchsten Proteingehalt. Sie sind arm an gesättigten Fetten, dafür reich an Ballaststoffen, ungesättigten Fettsäuren, Vitaminen (insbesondere den Vitaminen K, B1, B2, B6 und B9), Antioxydantien, Mineralsalzen (Phosphor, Magnesium, Kalium, Calcium) und Spurenelementen (Eisen, Zink, Kupfer, Selen ...).

In Soja sind alle acht essenziellen Aminosäuren enthalten, die unser Körper nicht selbst bilden kann. Neben ihrem hohen Eiweißgehalt weisen die anderen Hülsenfrüchte im Bereich der Aminosäuren einen hohen Anteil an Lysin gegenüber einem schwachen Anteil an Methionin auf. Bei Getreide und Nüssen verhält es sich genau umgekehrt, sie sind reich an Methionin und arm an Lysin. Das erklärt, warum in vielen Rezepten Hülsenfrüchte mit Getreide und Ölpflanzen kombiniert werden.

Gesundheit mit Genuss verbinden

Wir wollen jedoch nicht allein unser Ernährungsprinzip in den Vordergrund stellen, sondern legen Wert darauf, dass neben der Gesundheit auch der Genuss nicht zu kurz kommt. Wenn wir das Beste aus Linsen, Erbsen und Bohnen mit Buchweizen und unterschiedlichen Reissorten zusammenbringen, geschieht das nicht allein aufgrund ihres Nährwertprofils, sondern vor allem auch aufgrund ihrer Geschmacksnote, ihrer Farbe und ihres Dufts.

In allen Erdteilen sind Hülsenfrüchte grundlegender Bestandteil vieler traditioneller Gerichte. Wir haben diese Inspiration aufgegriffen und Spezialitäten aus verschiedenen Ländern neu interpretiert. Unsere Reise zurück zu den Ursprüngen war begleitet von spannenden Experimenten, von großen und kleinen Offenbarungen. Unsere schönste Entdeckung war, welche Freude es macht, mit regionalen Erzeugnissen zu kochen, die schon beinahe in Vergessenheit geraten waren.

Die hier vorgestellten Rezepte sind unkompliziert und schnell nachzukochen. Die verwendeten Zutaten sind überall erhältlich. Das eigentliche Geheimnis ist, sich ein wenig Zeit zu gönnen, die Zutaten sorgfältig auszuwählen und sie mit Freude zu verarbeiten.

SOJA

Sojaproteine

In Soja stecken im Durchschnitt doppelt so viel Proteine wie in anderen Hülsenfrüchten, deshalb zählt die Sojabohne zu den beliebtesten Eiweißlieferanten in der pflanzlichen Küche. Sie enthält alle acht essenziellen Aminosäuren, darunter eineinhalb bis drei Mal so viel Methionin wie andere Hülsenfrüchte.

Durchschnittliche Nährwerte für 100 g getrocknete gelbe Sojabohnen

Energiegehalt	Eiweiß	Kohlenhydrate	Fett	Ballaststoffe	Natrium
427 kcal	35 g	17 g	32 g	9,3 g	2 mg

Calcium	Phosphor	Magnesium	Eisen	Vitamin B1	Vitamin B6
277 mg	704 mg	280 mg	15,7 mg	0,9 mg	0,4 mg
28 % v. RDA	70 % v. RDA	70 % v. RDA	87 % v. RDA	58 % v. RDA	20 % v. RDA

RDA: Recommended Daily Allowance = empfohlene Tageszufuhr/-dosis

In Asien ist Soja schon seit Jahrtausenden bekannt und in den unterschiedlichsten Formen erhältlich: entweder fermentiert – wie Tempeh, Joghurt, Miso(paste), Shoyu (japanische Sojasoße) und Tamari (japanische Sojasoße) – oder unfermentiert – wie Edamame, Sojamilch und Tofu. Pur, ohne Zusatzstoffe, sind diese Spezialitäten für die Verarbeitung in der Küche besonders geeignet; im Folgenden werden wir detailliert auf verschiedene Verwendungsarten, Zubereitungsweisen und Aufbewahrungsmöglichkeiten eingehen. Unsere Rezepte sind beeinflusst von der traditionellen indonesischen Küche, der sanften Harmonie der japanischen Shojin-Küche und einer Verschmelzung unserer fernöstlichen und abendländischen Inspirationen.

Soja: Das Wichtigste in Stichpunkten

Edamame

„Edamane" ist die japanische Bezeichnung für die noch jungen, grünen Sojabohnenschoten. Ungeschält und kurz in Salzwasser gekocht, gesalzen oder ungesalzen, wird aus ihnen ein leckerer Snack für zwischendurch oder zum Aperitif. Die grünen Bohnen werden direkt aus der Hülse in den Mund gedrückt. Edamame ist in vielen Asialäden frisch oder tiefgekühlt erhältlich. Sojapflanzen akklimatisieren sich auch sehr gut in unseren Breitengraden und lassen sich im Sommer im Gemüsegarten ziehen wie Erbsen.

Miso

Miso ist eine Paste, das Endprodukt einer langsamen, doppelten Gärung von fermentierten Sojabohnen, einer Getreideart (Reis oder Gerste), Meersalz und Wasser. Sie hat einen hohen Eiweißgehalt und einen kräftigen, sehr salzigen Geschmack. Die helle Paste ist milder und etwas weniger salzig als die dunkle. Ursprünglich diente die Gärung dazu, die Haltbarkeit bestimmter Lebensmittel zu verlängern. Gleichzeitig werden die Sojabohnen durch das Gären besser verdaulich und die biologische Reaktion verleiht ihnen, abhängig vom jeweiligen Gärstoff, einen besonderen Geschmack.

Sojasoße

Shoyu (japanische Sojasoße) wird aus vier verschiedenen Zutaten hergestellt: natürlich fermentierten Sojabohnen, geröstetem Getreide (Weizen), Wasser und Meersalz. Die Qualitätsmerkmale werden allein von diesen natürlichen Zutaten bestimmt, ohne Farbstoffe oder künstliche Aromen. Diese Soße hat einen würzigen, sehr salzigen Geschmack und ist mit Fingerspitzengefühl zu dosieren. Bei einer Glutenunverträglichkeit sollten Sie auf Tamari ausweichen, eine Soße, die nur aus Soja, Wasser und Meersalz besteht, ohne Getreide oder andere Zusätze.

Tempeh

Tempeh ist eine fermentierte Form von Soja, die ursprünglich von der indonesischen Insel Java stammt. Dafür werden die geschälten Sojabohnen gekocht, anschließend mit einem Pilz (Rhizopus oligosporus) geimpft und 24 Stunden bei 30 Grad Celsius fermentiert. Das Endprodukt ist ein fester, mit einer dünnen weißen Schimmelschicht überzogener Block (ähnlich wie einige Käsearten) von pikantem Geschmack, der an Pilze, Nüsse und Hefe erinnert. Tempeh ist in der Kühltheke von Asialäden erhältlich. Tempeh wird nicht roh verzehrt, sondern meistens blanchiert, bevor man ihn grillt oder einfriert. In diesem Buch zeigen wir in zwei Rezepten, wie man einen Block Tempeh würzen und zubereiten kann: Tempe bacem (Seite 26) und Sate bumbu kacang (Seite 32).

Tipp

Tempeh lässt sich hervorragend einfrieren, ohne dass Konsistenz oder Geschmack darunter leiden.

Tempeh blanchieren

Durch Blanchieren lässt sich der kräftige bittere Geschmack des Tempeh abmildern, und er kann bei der Zubereitung die Gewürze besser aufnehmen. Dazu muss man den Tempehblock in reichlich Wasser etwa 15 Minuten sprudelnd kochen.

Tempeh räuchern

Den Anweisungen zum Räuchern von festem Tofu folgen (siehe Seite 18: Wie räuchert man festen Tofu?).

Natursojamilch

Sojamilch ist ein rein pflanzliches Getränk. Bei der Herstellung wird eine Mischung aus Wasser und geschälten Sojabohnen (zwischen sieben und zehn Prozent Sojabohnen) eingeweicht und gekocht. Dafür sollte man vorzugsweise ohne Gentechnik kultivierte Sojabohnen verwenden, idealerweise einer deutschen oder europäischen Biomarke. Meiden Sie Getränke aus Sojamehl und/oder Sojaöl. Irgendwelche Zusätze sind, besonders im Hinblick auf die weitere Verwendung in der Küche, nicht notwendig (weder Zucker noch Stabilisatoren oder Konservierungsmittel).
Sojamilch ist sehr vielseitig verwendbar: Wir benutzen sie sowohl zum Kochen als auch für die Zubereitung von Tofu und hausgemachtem Joghurt.

Sojajoghurt

Sojajoghurt wird nach einem ähnlichen Gärungsverfahren wie Kuhmilchjoghurt hergestellt. Man findet ihn in der Kühltheke im Supermarkt. Für Sojajoghurt gilt das Gleiche wie für Sojamilch: Je weniger Zutaten, desto besser. Hochwertiger Biojoghurt besteht nur aus Quellwasser, acht bis zehn Prozent geschälten Sojabohnen und Fermenten (unter anderem Bifidusbakterien und Lactobacillus acidophilus). Bei einigen Marken werden Calciumquellen und Vitamine zugesetzt.

SELBST GEMACHTER JOGHURT

Pflanzlicher Joghurt wird anstatt aus Kuhmilch aus Sojamilch hergestellt. Das Verfahren ist das gleiche. Für unseren selbst gemachten Joghurt benötigen wir nur Biosojamilch und einen Joghurt (der als Ferment dient). Man kann auch Fermente in der Apotheke kaufen oder einen Bionaturjoghurt aus dem Supermarkt. Ferment und Milch werden miteinander verrührt und auf 40 bis 45 Grad Celsius erhitzt. Für den Fermentierungsprozess muss diese Temperatur sechs Stunden beibehalten werden. Dafür eignet sich am besten ein Joghurtbereiter oder ein Dampfgarer.

Zubereitung von Joghurt

1. Zu der Milch den Joghurt oder das Ferment hinzufügen. Mit einem Schneebesen gut verrühren. In die Behälter füllen.
2. Für die Fermentierung der Anleitung des Joghurtbereiters folgen. Einen Dampfgarer eine Stunde auf 80 % Feuchtigkeit und 45 °C einstellen, um den Fermentierungsprozess einzuleiten. Dann das Gerät ausschalten und für die restliche Fermentierungszeit geschlossen halten.
3. Anschließend den Joghurt kühlen, um die Fermentierung zu stoppen. Im Kühlschrank hält sich der Joghurt etwa eine Woche.

Tofu

Tofu entsteht aus erhitzter Natursojamilch, die man zum Gerinnen bringt. Seine Konsistenz variiert, je nachdem, welches gerinnungsfördernde Mittel verwendet wurde, und ob man den Tofu anschließend presst, um ihm Flüssigkeit zu entziehen. Als traditionelles Gerinnungsmittel gilt gefiltertes Meerwasser (eine natürliche Form von Magnesiumchlorid), in Japan „nigari" genannt. In China verwendet man häufig Gips (Calciumsulfat), um besonders weichen, mit Calcium angereicherten Tofu zu erhalten. Im Folgenden stellen wir die beiden Hauptformen im Einzelnen vor: „Tau hua", den weichen Seidentofu, und „tau kwa", den festen Tofu (auf Chinesisch).

Fester Tofu „Tau kwa"

Verwendet wird vorzugsweise der im Biohandel erhältliche feste Tofu, hergestellt aus in Deutschland oder Europa angebauten, als Bioprodukt ohne Gentechnik (nicht GMO oder GVO) zertifizierten Sojabohnen. In der Regel bekommt man festen Tofu als Stück, in Wasser eingelegt in einer luftdicht abgeschlossenen Verpackung. Fester Tofu, der trocken vakuumverpackt verkauft wird, hat oft die Konsistenz einer Schuhsohle.

AUFBEWAHRUNG

Im Kühlschrank halten sich die frischen, in klarem Wasser eingelegten und in einem luftdicht abgeschlossenen Behälter aufbewahrten Tofublöcke etwa eine Woche. Wenn Sie wollen, können Sie den Block unter klarem Wasser abspülen und das Wasser im Behälter jeden Tag wechseln. Wenn Sie vakuumverpackten Tofu gekauft haben, folgen Sie den auf der Packung angegebenen Hinweisen zur Haltbarkeit und Aufbewahrung.

Tiefgekühlt: Frischer, fester Tofu lässt sich problemlos einfrieren. Er bekommt dadurch eine porenreiche Konsistenz und kann Soßen und Gewürze noch besser aufnehmen.

Wie man festen Tofu einfriert

1. Den Tofublock unter Wasser abspülen und in einem sauberen Geschirrtuch ausdrücken.
2. In ca. 1 cm dicke Scheiben schneiden und einzeln in Klarsichtfolie einschlagen. Die Scheiben in einen Gefrierbehälter oder einen Gefrierbeutel füllen.
3. Ins Tiefkühlfach legen. Gefrorener Tofu verfärbt sich gelblich, wird jedoch nach dem Auftauen wieder weiß.

Zubereitung von festem Tofu

Fester Tofu ist von Natur aus eine frische Spezialität mit neutralem Geschmack. In der Regel wird er vor dem Verzehr gegart (dampfgegart, gedünstet, in der Pfanne gebraten oder gegrillt). Er ist eine ideale Basis für viele Gerichte, denn er nimmt Würze und Soßen sehr gut auf. Besonders lecker schmeckt Tofu mit einer Gewürzmischung, überbacken oder glasiert (siehe Seite 30: „Tau kwa laah!").

FESTEN TOFU BLANCHIEREN

Durch Blanchieren bekommt Tofu mehr Volumen, in der Masse bilden sich viele kleine Poren, sodass er bei der Zubereitung den Geschmack von Marinaden und Gewürzen besser aufnehmen kann.

Blanchieren

1. Den Tofublock in Würfel von 2 cm Seitenlänge schneiden. Die Würfel in einen großen Topf mit sprudelnd kochendem Wasser geben (eine große Wassermenge verhindert, dass die Tofuwürfel aneinanderkleben) und bei starker Hitze kochen.
2. 5 Minuten kochen, vom Herd nehmen, die Würfel abtropfen lassen und unter kaltem Wasser abspülen (die Würfel voneinander trennen). Abkühlen lassen. Um die überschüssige Feuchtigkeit aufzunehmen, in ein sauberes Geschirrtuch geben.

Gefrorener Tofu

Geräucherter Tofu

Marinierter Tofu

Fester Tofu

Wie räuchert man festen Tofu?

Tofu kann sehr gut Farben und Würze aufnehmen und eignet sich deshalb auch besonders gut zum Räuchern. Das gelingt leicht, sogar ohne Räucherofen.

Zutaten

• 300 g fester Tofu • 2 EL Lapsang-Souchong-Tee (mit Rauchgeschmack) • 1 EL Sojasoße

Zubereitung

1. Den Tofublock in 1 cm dicke Scheiben schneiden.
2. Den Tee mit 350 ml Wasser aufgießen und 15 Minuten ziehen lassen. Durch einen Teefilter geben, um die Teeblätter zu entfernen.
3. Den gefilterten Tee und die Sojasoße in eine Pfanne gießen und die Tofuscheiben hineinlegen. Zum Kochen bringen und so lange köcheln lassen, bis die Flüssigkeit komplett verdampft ist, dabei die Tofuscheiben 2–3 Mal umdrehen, damit sie gut getränkt werden.

Wie glasiert man Tofu?

Zutaten

• 300 g fester Tofu • 200 ml Marinade nach Wahl

Marinade 1: Saft einer Orange • 1 EL Rosmarin • 1 EL Sojasoße • etwas Wasser

Marinade 2: 1 EL Honig • 1 fein gehackte Knoblauchzehe • 1 cm fein gehackter frischer Ingwer • etwas Wasser • optional: Cayennepfeffer

Marinade 3: 4 entsteinte und fein gehackte Backpflaumen • 1 TL Miso • ½ TL Kurkuma • schwarzer Pfeffer • etwas Wasser

Zubereitung

1. Den Tofublock in 1 cm dicke Scheiben oder in Würfel von 2 cm Seitenlänge schneiden.
2. Den Tofu bei starker Hitze in einer Pfanne ohne Öl von allen Seiten knusprig braun anbraten.
3. Die Zutaten der Marinade vermengen und über den gebratenen Tofu geben. Bei schwacher Hitze so lange köcheln lassen, bis die Flüssigkeit verdampft ist. Dabei den Tofu regelmäßig wenden.

Seidentofu oder Tofublume

Der Seidentofu (japanisch „kinugoshi-dofu", englisch „silken tofu") gerinnt in der Form, er wird nicht gepresst. Er hat die Konsistenz eines Flans oder feinen Puddings. Für die Zubereitung verwendet man Lacton oder GDL (Glucono-delta-Lacton, E 575), eine natürliche organische Säure, die unter anderem in Essig, Fruchtsäften und Honig vorkommt. Lacton ist in Asien überall erhältlich, in Europa wird die Zutat bei der Käseherstellung oder beim Backen verwendet; sie ist aber in unseren Breiten in kleinen Mengen nur schwer zu bekommen.

Wie kann man Seidentofu selbst herstellen?

Für die Gerinnung von 1 l Sojamilch benötigt man 1 TL Lacton.

1. Die Milch in einem Topf mit geschlossenem Deckel bei schwacher Hitze erwärmen, ohne sie zum Kochen zu bringen. Kurz vor dem Kochen vom Herd nehmen.
2. Die Milch mit Lacton bestäuben. Leicht verrühren (3–4 Drehungen genügen). Abdecken und für die Gerinnung 15 Minuten ruhen lassen.

Der Seidentofu ist sofort verzehrfertig. Lauwarm ist er besonders köstlich. Er hält sich drei Tage im Kühlschrank.
Wie eine Kuchencreme kann man Seidentofu nach Belieben würzen. Dazu nach Geschmack 1 TL Würze in die Sojamilch mischen: Vanille, Zimt, Orangenblütenwasser, Rosenwasser ...

EINKAUFSTIPP

Bevorzugt Seidensoja aus in Deutschland oder Europa angebautem Biosoja ohne Gentechnik (nicht GMO) einkaufen. Im Kühlregal von Bioläden oder asiatischen Lebensmittelläden findet man ihn häufig unter der Bezeichnung „silken tofu".

Sonne auf dem Teller

Karamellisierte rote Zwiebeln „à l'orange" mit Seidentofu

Zeit für eine schnelle Frühstückspause oder Lust auf einen farbenfrohen Brunch? Zaubern Sie sich im Handumdrehen ein wenig Sonne auf den Teller! Dieses Rezept gelingt Ihnen mit (noch fast) geschlossenen Augen. Die in Orangensaft karamellisierte Zwiebel zergeht sanft auf der Zunge. Das Kurkuma bringt sonnige Farbe auf den Teller, der schwarze Pfeffer steigert die gesundheitsfördernden Eigenschaften dieser schnellen Leckerei.

Planung

Zubereitung: 5 Minuten

Garzeit: 25 Minuten

Für 1–2 Personen

Zutaten

• 1 rote Zwiebel • 1 Orange • ¼ TL Kurkuma • schwarzer Pfeffer • 1 EL fein gehackter frischer Ingwer • 1 TL Bockshornklee • 3–4 Champignons • 3 kleine reife Tomaten • 300 g Seidentofu

Zubereitung

1. Die Zwiebeln in kleine Stücke schneiden. 2–3 Minuten bei starker Hitze in einer Pfanne ohne Öl anbräunen. Währenddessen die Orange auspressen. Hitze reduzieren. Den Saft und das Fruchtfleisch der Orange auf die Zwiebeln geben. Würzen. 4–5 Minuten karamellisieren lassen.
2. Die Champignons und die Tomaten in grobe Würfel schneiden und zu den Zwiebeln geben. Verrühren und 10 Minuten köcheln lassen.
3. Seidentofu in die Pfanne geben und mit einem Pfannenwender zerkleinern. Alles gut vermischen. Bei starker Hitze weiter garen, bis die Flüssigkeit verdampft ist.

VORSCHLAG

Der Seidentofu kann auch durch frischen festen Tofu ersetzt werden, in kleine Würfel geschnitten oder einfach zerkrümelt.

Shojin – sanfte Harmonie
Ein Salat mit Edamame und süßsaurer Erdnusssoße

Edamame kann man in Bio- und Asialäden frisch oder tiefgekühlt kaufen, meist in Schoten. Die leckeren, jungen Sojabohnen bereichern diesen frischen Salat mit viel pflanzlichem Eiweiß. Die ebenso proteinreiche süßsaure Soße unterstreicht die Süße der Früchte und des knackigen Gemüses. „Shojin Ryori", die traditionelle Kochkunst der buddhistischen Tempel Japans, zeichnet sich durch ihr kreatives Streben nach Harmonie aus. Bei der sorgfältigen Auswahl der Zutaten und ihrer Zubereitung verbinden sich Geschmack, Farbe, Konsistenz und Gewürze zu einer harmonischen Einheit und bilden gleichzeitig auf natürliche Weise eine ausgewogene Ernährung.

Planung

Zubereitungszeit: 15 Minuten
Garzeit: 5 Minuten
Für 2 Personen

Zutaten

100 g Brokkoli • 100 g Edamame (ersatzweise Erbsen oder grüne Bohnen), frisch oder tiefgekühlt • 1 Gurke • 1 Fenchelknolle • 1 Pampelmuse • ½ Avocado • Zitronensaft

Dressing: **2 EL Bioerdnussbutter • 2 EL Zitronensaft • 2 EL Natursojajoghurt • 1 EL Honig • 1 TL Miso • schwarzer Pfeffer**

Zubereitung

1. Den Brokkoli in kleine Röschen teilen. Zusammen mit den Edamameschoten 5–10 Minuten dampfgaren. Darauf achten, dass das Gemüse bissfest und knackig bleibt. Nach dem Kochen die grünen Sojabohnen aus den Hülsen drücken.
2. Gurke und Fenchel in kleine Stücke schneiden und in eine Salatschüssel geben.
3. Die Pampelmuse bis zum Fruchtfleischansatz schälen. Mit einem scharfen Messer das Fruchtfleisch herauslösen, von den Kernen befreien und in die Salatschüssel geben.
4. Die Avocado schälen und den Kern entfernen. Das Fruchtfleisch in Würfel schneiden und mit Zitronensaft beträufeln. Avocado, Brokkoli und Edamame zu dem Salat geben.
5. Für das Dressing alle Zutaten vermengen und über den Salat geben. Gut unterheben und sofort servieren.

Misokrokant
Würzige Knusperstreusel aus Sojajoghurt, Miso und gerösteten Kernen

Die Geschmacksqualität „umami“ (dt. „fleischig, herzhaft, wohlschmeckend“) wurde 1908 von dem japanischen Forscher Kikunae ausgehend von einer Brühe aus Kombualgen entdeckt und gilt seitdem neben süß, salzig, sauer und bitter als fünfter Geschmackssinn. Umami wird hervorgerufen durch Glutamate, wie sie in allen proteinhaltigen Nahrungsmitteln (insbesondere in Käsesorten wie Parmesan oder Roquefort), in Tomaten und Sojasoße vorkommen. Umami verstärkt auf natürliche Weise den Geschmack eines Gerichts. Wir stellen Ihnen eine „umami“ Streuselmasse vor, die Sie zum Verfeinern und Würzen über Salate, Suppen oder Gerichte aus dem Backofen geben können, wie unsere „Sonntagabend-Pizza“ (siehe Seite 102) oder die „Pimientos rellenos“ (siehe Seite 86).

Planung

Zubereitungszeit: 10 Minuten

Garzeit: 5 Minuten

ergibt ein kleines Schälchen

Zutaten

40 g Sonnenblumenkerne • 1 EL Buchweizenkörner • 3 EL (Nähr-)Hefeflocken • 1 TL Miso • ½ EL Natursojajoghurt

Zubereitung

1. Sonnenblumenkerne und Buchweizenkörner in einer Pfanne ohne Öl rösten, bis sie leicht gebräunt sind.
2. Die Hälfte der Körnermischung in einer Kaffeemühle oder im Mixer mahlen. Die andere Hälfte grob mit dem Messer hacken. In einer kleinen Schale das Körnermehl mit den Splittern mischen. Die Hefeflocken dazugeben.
3. Miso und Joghurt verrühren. In die Schale zu der Mischung geben und alles zu einem krümeligen Teig verarbeiten.
4. Den Teig in ein luftdicht verschließbares Glasgefäß umfüllen. Die Krokantmasse hält sich im Kühlschrank bis zu einer Woche.

Waldspaziergang

Champignon-Quiche mit cremigem Seidentofu und Nüssen

Seidentofu, Cashewkerne und verschiedene Gewürze verbinden sich zu einer leichten „umami" Creme. Im Ofen gegart, verleiht sie dieser Quiche ihre besondere Konsistenz und intensiviert ihren Geschmack. Man kann sie aber auch als Grundlage für einen Flan oder eine Terrine verwenden. Der Quicheteig enthält nur wenig Fett, dafür reichlich pflanzliche Proteine.

Planung

Zubereitungszeit: 20 Minuten

Garzeit: 55 Minuten

Für 2–4 Personen

Zutaten

200 g Champignons

Teig: 1 EL Leinsamen • 3 EL Wasser • 50 g grüne Linsen • 50 g Buchweizenkörner

Creme: 300 g Seidentofu • 20 g Cashewkerne (etwa 10 Stück) • geriebene Muskatnuss • 3 EL Hefeflocken • 1 TL Miso

Zum Bestäuben: Hefeflocken, Muskatnuss und schwarzer Pfeffer

Zubereitung

1. Den Backofen auf 180 °C vorheizen. Leinsamen in Wasser einweichen. Die Samen bilden schnell eine „Schmiere", den Schleimstoff. Beiseitestellen.
2. In einer Pfanne ohne Fett die Linsen mit den Buchweizenkörnern anrösten. Sobald Letztere gebräunt sind, von der Kochplatte nehmen. Im Mixer oder einer Kaffeemühle fein mahlen.
3. Das erhaltene Mehl mit den Leinsamen und ihrem Einweichwasser mischen. Eventuell etwas Wasser hinzufügen und aus dem Teig eine Kugel formen.
4. Die Teigkugel in eine beschichtete oder mit Backpapier ausgelegte Springform von 20 cm Durchmesser geben. Den Teig mit den Händen in die Form drücken, dabei auch den Rand bedecken.
5. Den Boden im vorgeheizten Ofen 10 Minuten backen.
6. Die Zutaten für die Creme verrühren.
7. Champignons waschen und in dünne Scheiben schneiden. Den Boden aus dem Backofen nehmen und mit einer Schicht Champignonscheiben belegen. Einen Teil der Creme darauf verteilen. Schichtweise so fortfahren, bis die Form bis an den Rand gefüllt ist.
8. Mit etwas Hefeflocken, gemahlener Muskatnuss und schwarzem Pfeffer bestäuben. Im Backofen 45 Minuten garen.

VORSCHLAG

Wenn man Vollkornbuchweizenmehl und -linsenmehl verwendet, einfach bei der Zubereitung Schritt 2 überspringen.

Tempe bacem
Glasierte Tempehschnitten mit süß-scharfer Soße

Unsere erste Begegnung mit der indonesischen Küche hatten wir an einem etwas ungewöhnlichen Ort: einem Restaurant im Herzen der alten Festungsstadt Naarden in der Nähe von Amsterdam. Es war das einzige, das nach 19 Uhr noch geöffnet hatte! Auf der Karte stand eine große Auswahl an sehr proteinhaltigen Gerichten auf der Grundlage von Tempeh, ein ursprünglich aus Indonesien stammendes Nahrungsmittel aus fermentiertem Soja. Sein würziger Geschmack erinnert an Pilze, Nüsse und Hefe und lässt sich hervorragend mit süßsauren und scharfen Soßen kombinieren.

Planung

Tempeh blanchieren (siehe Seite 13)

Zubereitungszeit: 10 Minuten

Garzeit: 20 Minuten

Für 3–4 Personen

Zutaten

150 g Tempeh

Soße: Saft von 2 Orangen • 2 EL Honig • 1 EL Olivenöl • 2 EL Zitronensaft • 1 kleine gehackte frische Chilischote (oder 1 TL Chilipulver oder -püree) • 1 EL fein gehackter Ingwer

Zubereitung

1. Den Tempehblock in ½ cm dicke Scheiben schneiden.
2. Die Scheiben in einer Pfanne ohne Fett bei starker Hitze von beiden Seiten scharf anbraten.
3. Die Zutaten für die Soße vermengen.
4. Soße über die angebratenen Tempehscheiben geben und bei mittlerer Hitze weiterköcheln lassen, um die Soße zu reduzieren. Dabei die Scheiben immer wieder wenden.
5. Sobald die Tempehscheiben gleichmäßig mit Soße überzogen sind, vom Herd nehmen.

VORSCHLAG

Traditionell wird Tempeh zusammen mit vielen kleinen Gerichten serviert. Sie können es auch gut zusammen mit frischen Gurken als Snack zum Aperitif reichen oder als Beilage zu einem frischen Salat oder zu Gemüse aus dem Wok und einer Schale Reis.

TIPP

Sie können Tempeh auch im ganzen Stück blanchieren und zubereiten und einen Teil der Scheiben einige Tage im Kühlschrank aufbewahren.

Kodama, der Geist in den Bäumen

Mit Seidentofu gefüllte Champignons, Tahin und Miso

Der Lieblingsspielplatz für passionierte Laufsportler wie uns ist immer noch der Wald, egal, ob in flachem Gelände oder in den Bergen. Wenn wir nach einem ausgedehnten Waldlauf unsere Energiereserven wieder auffüllen wollen, verwöhnen wir uns am liebsten mit diesem leckeren Champignonrezept. Es ist leicht verdaulich sowie gut bekömmlich und dabei überaus proteinhaltig. Buchweizen ist eine sehr nährstoffreiche Getreideart, glutenfrei, vollwertig und eiweißreich. Er enthält alle essenziellen Aminosäuren sowie viele wasserlösliche Ballaststoffe und antioxydante Verbindungen. Zusammen mit Sonnenblumenkernen geröstet und gemahlen wird daraus ein Mehl mit nussigem Aroma.

Planung

Zubereitungszeit: 15 Minuten

Garzeit: 25 Minuten

Für 4 Personen

Zutaten

3 EL Buchweizenkörner • 3 EL Sonnenblumenkerne • 4 Portobello-Pilze (große braune Champignons) • 200 g Seidentofu (oder 2 Natursojajoghurt) • 2 TL Miso • 2 EL Tahin

Zubereitung

1. Den Backofen auf 180 °C vorheizen.
2. Buchweizenkörner und Sonnenblumenkerne in einer Pfanne ohne Fett leicht anrösten und zu einem groben Mehl mahlen.
3. Die Stiele der Pilze entfernen und etwas von dem hergestellten Mehl in das Innere streuen.
4. Für die Füllung die übrigen Zutaten mit 1 EL des gerösteten Mehls vermischen.
5. Die Füllung auf die Pilze verteilen. Falls ein Rest bleibt, kann man auch kleine Champignons damit füllen.
6. Zum Abschluss etwas von dem gerösteten Mehl über die zubereiteten Pilze stäuben.
7. 25 Minuten im vorgeheizten Ofen garen.

TIPP

Erdnussbutter ergibt eine perfekte Füllung für überbackene Champignons. Den Stiel der Pilze entfernen und das Innere mit 1 TL Erdnussbutter (oder einer anderen Nusscreme) füllen. Mit anderem Gemüse in eine Auflaufform geben und im Ofen garen. Weniger gehaltvoll wird die Füllung, wenn Sie die Erdnussbutter zu gleichen Teilen mit Natursojajoghurt mischen.

Tau kwa laah!

Glasiertes Tofusteak auf gegrillten Noriblättern

Wer zum ersten Mal den Fuß auf die Straßen von Singapur setzt, kann sich leicht etwas verloren vorkommen. Überwältigt von der Energie, die diese Stadt zu jeder Tages- und Nachtzeit ausstrahlt, verzaubert vom Echo des melodiösen „Singlish“ (Singapur-Englisch), das einem überall in den Ohren klingt. Die nächtlichen Märkte mit ihren ungezählten Straßenständen, an denen frisch zubereitetes Essen angeboten wird, sind ein lebendiges Beispiel dafür, dass Schnellimbiss nicht immer im Widerspruch zu Frische, Genuss und Qualität stehen muss. Hier kann man lernen, wie man mit einfachsten Mitteln aus frischen Zutaten innerhalb von 5 Minuten eine leckere und gesunde Mahlzeit zubereiten kann. „Tau kwa laah!“ ist der beste Beweis dafür. Vergessen Sie langes Marinieren und greifen Sie beherzt zu!

Planung

Zubereitungszeit: 10 Minuten

Garzeit: etwa 10 Minuten

Für 4 Personen

Zutaten

150 g fester Tofu • 1 getrocknetes Norialgenblatt

Soße: 1 EL Sojasoße • 1 EL Honig (oder Agavendicksaft) • ½ TL Curry (oder Masala-Gewürzmischung) • schwarzer Pfeffer • 100 ml Wasser

Zubereitung

1. Den Tofu in 4 quadratische Scheiben von 5 cm Seitenlänge schneiden. Die Scheiben 2–3 Minuten bei starker Hitze von beiden Seiten in einer Pfanne ohne Fett anbraten.
2. Die Zutaten für die Soße verrühren. Die Hitze reduzieren und die Soße über die Tofuscheiben geben.
3. Bei schwacher Hitze köcheln lassen und die Tofuscheiben 2–3 Mal vorsichtig wenden, bis die Flüssigkeit absorbiert ist. Pfanne vom Herd nehmen und beiseite stellen.
4. Das Norialgenblatt in 4 Quadrate von 6 cm Seitenlänge schneiden und auf jedes Algenquadrat eine Tofuscheibe legen.
5. Die gereinigte Pfanne stark erhitzen und die Algenblätter mit den Tofuscheiben ohne Zugabe von Fett kurz und kräftig anbraten. Nicht länger als 2 Minuten, das Algenblatt darf sich nur leicht verfärben (nimmt an einigen Stellen einen goldbraunen Schimmer an). Servieren.

Sate bumbu kacang

Spieße mit glasiertem Tempeh Paprika und Champignons

Ob direkt an einem primitiven Straßenstand gegrillt oder von der gehobenen Restaurantküche serviert: Die Tempehspieße mit Erdnusssoße sind eine Leckerei, die man sich bei einem Aufenthalt in Südostasien auf keinen Fall entgehen lassen sollte. Längst sind sie zu einer weltweit geschätzten Spezialität geworden und haben der berühmten Sataysoße ihren Namen gegeben.

Planung

Zubereitungszeit: 15 Minuten

Garzeit: 30 Minuten

Für 1–2 Personen

Zutaten

100 g Tempeh • 1 rote Paprika • 4 braune Champignons

Marinade: 1 EL Sojasoße • 1 EL Honig • 50 ml Wasser

Erdnusssoße: die restlichen Paprikastücke • 2 EL Seidentofu (oder Natursojajoghurt) • 2 EL Erdnussbutter • 1 EL Limettensaft • 2 Backpflaumen • 1 kleine Chilischote

Zubereitung

1. Tempeh in 3–4 cm lange Stücke von etwa 1 cm Querschnitt schneiden. Von allen Seiten in einer Pfanne ohne Fett kurz anbraten, dann die Hitze reduzieren.
2. Die Zutaten für die Marinade vermengen und über die Tempehstücke gießen. Zusammen bei schwacher Hitze weitergaren, bis die Flüssigkeit vollständig aufgenommen ist. Beiseitestellen.
3. Die Paprika in Stücke von 2–3 cm Seitenlänge schneiden (die übrig bleibenden Stücke werden für die Erdnusssoße verwendet).
4. Das Gemüse bei starker Hitze im Wok etwa 5 Minuten kräftig anbraten. Ruhen lassen.
5. Auf kleine Holzspieße abwechselnd Paprika- und Tempehstücke stecken und abschließend an jedes Ende einen Champignon.
6. Auf dem Grill, im Backofen (Grillfunktion) oder in einer heißen Pfanne die Spieße von jeder Seite 5 Minuten weitergaren.
7. Die Zutaten für die Soße vermengen.
8. Die Spieße großzügig mit der Erdnusssoße überzogen servieren.

VORSCHLAG

Der Seidentofu kann durch frischen festen Tofu ersetzt werden.

Domocha

Zartschmelzende Kuppeln aus dunkler Schokolade, Seidentofu und Haselnuss

Auf die Frage: „Was würdest du auf eine einsame Insel mitnehmen?" würde Cécile sofort antworten: „Eine Tafel Schokolade!" Sollten Sie auch zum Club der bekennenden „Schokoholiker" gehören, wollen wir Ihnen diese wundervolle Verbindung von Seidentofu mit Schokolade nicht verschweigen. Je nach Grad Ihrer Abhängigkeit, können Sie unserem Vorschlag noch eine etwas „gewagtere" Note geben, indem Sie diese schokoladige Verführung mit Gewürzen (schwarzem Pfeffer, Ingwer, Zesten von Zitrusfrüchten, rotem Chili, Zimt) verfeinern.

Planung

Material: Kleine Auflaufformen (oder ein Muffinblech mit 8 Vertiefungen von 7 cm Durchmesser)
Zubereitungszeit: 20 Minuten
Garzeit: 20 Minuten
Für 6–7 kleine Auflaufformen

Zutaten

100 g Zartbitterschokolade (85 %) • 300 g Seidentofu • 2 EL frisch gemahlenes Buchweizenmehl
• 1 EL Biohaselnuss- oder -mandelcreme
• 1 EL ungesüßtes Kakaopulver

Zubereitung

1. Den Backofen auf 180 °C vorheizen. Die Schokolade im Wasserbad auflösen.
2. Die übrigen Zutaten mit der Küchenmaschine oder dem Handrührgerät zu einem homogenen, cremigen Teig verschlagen.
3. Die aufgelöste Schokolade unter die Teigmischung rühren.
4. Den Teig in die Schälchen füllen und im vorgeheizten Ofen 20 Minuten garen.
5. Nach Ablauf der Garzeit etwas ruhen lassen. Auf der Oberfläche der Kuppeln bildet sich eine leichte Kruste, aber das Innere bleibt cremig.

ÜBERRASCHUNG

Verstecken Sie in der Mitte jeder Schokoladenkuppel eine ganze Haselnuss.

TIPP

Wie Sie Schokolade zum Schmelzen bringen:
1. Schokolade in kleine Stücke brechen und in eine größere Schale oder einen Topf geben.
2. Wasser im Wasserkocher erhitzen und das sprudelnd kochende Wasser in einen Topf gießen. Den Topf mit der Schokolade so über das heiße Wasserbad hängen, dass er nicht ins Wasser eintaucht.
3. Bei schwacher Hitze die Schokolade langsam flüssig werden lassen.

Köstlicher Tofupudding „tau hua"
Eine süßsaure Zwischenmahlzeit aus schwarzen Johannisbeeren, Seidentofu und Mandeln

Ein leichtes Dessert, zu dem Sie sich ohne schlechtes Gewissen hinreißen lassen dürfen. Der milde, zarte Seidentofu geht mit dem süßsauren Akzent schwarzer Johannisbeeren eine wunderbare Verbindung ein. Himmlisch!

Planung

Zubereitungszeit : 20 Minuten
Garzeit: 30 Minuten
Kühlung: 4 Stunden oder über Nacht
Für 4 kleine Auflaufformen

Zutaten

300 g Seidentofu • 2 EL Agavendicksaft • 1 EL Biomandelcreme + 1 Biolimette • 2 TL Agar-Agar + 250 ml kochendes Wasser • 200 g schwarze Johannisbeeren (tiefgekühlt) • wahlweise: 4 Blätter frische Minze

Zubereitung

1. Den Backofen auf 180 °C vorheizen.
2. Auf den Boden jedes Auflaufförmchens ein Blatt Minze geben. Die Formen werden auf der Fettpfanne in ein Wasserbad gestellt. Das Wasser in der Fettpfanne sollte etwa 2 cm hoch stehen.
3. Tofu, Agavendicksaft und Mandelcreme in den Behälter des Küchenmixers geben. Von der Limette die Schale abreiben und den Saft auspressen. Beides zu der Tofumischung geben und im Mixer alles zu einer glatten Creme verarbeiten. Agar-Agar in kochendem Wasser auflösen. Mit der Creme im Mixer verrühren und in eine Schale füllen.
4. Die schwarzen Johannisbeeren hinzufügen, vorsichtig unterheben und die Masse in die Auflaufförmchen füllen.
5. Im vorgeheizten Ofen 30 Minuten garen.
6. Die Fettpfanne mit den Förmchen aus dem Ofen nehmen und auf Zimmertemperatur abkühlen lassen. Dann für mindestens 4 Stunden, besser noch über Nacht, in den Kühlschrank stellen.

TIPP

Agar-Agar behält seine Gelierfähigkeit, auch wenn man ihn wie hier vor dem Garen im Ofen direkt zu der vorbereiteten Masse gibt.

Sojalassi

Lassi ist ein traditionelles indisches Joghurtgetränk, das wir hier mit Biosojajoghurt zubereiten. So werden unsere Lassis zu fruchtigen, eiweißreichen Smoothies, die uns nicht nur mit viel Energie, sondern auch mit einem großen Vorrat an Vitaminen, Antioxydantien, Mineralien und Ballaststoffen versorgen. Für unsere drei ausgewogenen, belebenden Lassivariationen haben wir uns vom Yoga inspirieren lassen.

Der Sonnengruß, ein sanftes, fruchtiges Lassi

1 Natursojajoghurt • 1 Birne • 1 Banane • 1 TL fein gehackter frischer Ingwer

Die Kobra, ein rotes eisgekühltes Lassi

1 Natursojajoghurt • 100 g tiefgekühlte schwarze Johannisbeeren (oder andere Beerenfrüchte) • 1 Orange • 2 TL Biomandelcreme

Der kleine Yogi, ein Lassi zum Entspannen

1 Natursojajoghurt • 6 Cashewkerne • 1 Biolimette (Saft, Schale und Fruchtfleisch) • 1 TL Honig • Zum Garnieren: ein paar Tropfen Honig und gehackte Pistazien

Zubereitung

1. Obst waschen oder schälen, klein schneiden.
2. Zuerst den Joghurt in den Mixer geben, dann die Früchte und/oder Nüsse, zuletzt die Gewürze.
3. Mixen. Fertig!

ERBSEN

GARTENERBSEN

TROCKENERBSEN

KICHERERBSEN

Erbsenproteine

Die Kichererbse führt uns auf eine Reise in den Orient und zu den Küsten des Mittelmeeres, wo sie in Form von Mehl eine wichtige Säule und Grundfarbe der Alltagsküche liefert. Und die Mittelmeersonne war es auch, die uns zu dieser besonderen Verknüpfung von kulinarischer Tradition und energiereichen, kräftigenden Rezepten inspiriert hat.

Eine weitere Vertreterin aus der Familie der Erbsen, die Gartenerbse, wird entweder frisch oder getrocknet verzehrt. In Mitteleuropa werden Erbsen hauptsächlich grün zubereitet, Man findet sie in der Regel in Konserven oder tiefgekühlt. Will man sie frisch verzehren, müssen sie jung geerntet und sofort verarbeitet werden, da sie nicht sehr lange haltbar sind und schnell an Geschmack verlieren. Getrocknete Erbsen, die sogenannten Pal- oder Schalerbsen, werden entweder ganz (mit Samenschale) oder halb (ohne Samenschale) benutzt. Trockenerbsen werden wie Linsen verarbeitet; man kann sie auch rösten und mahlen.

Durchschnittliche Nährwerte von 100 g Trockenerbsen

Energiegehalt	Eiweiß	Kohlenhydrate	Fett	Ballaststoffe	Natrium
307 kcal	19 g	44,3 g	5,92 g	15,5 g	15 mg

Calcium	Phosphor	Magnesium	Eisen	Vitamin B1	Vitamin B6
55 mg	332 mg	123 mg	6,1 mg	0,5 mg	0,55 mg
6 % v. RDA	41 % v. RDA	41 % v. RDA	44 % v. RDA	35 % v. RDA	27 % v. RDA

RDA: Recommended Daily Allowance = empfohlene Tageszufuhr/-dosis

Erbsen: Das Wichtigste in Stichpunkten

Trockenerbsen

Kochen

Kichererbsen muss man vor dem Kochen einweichen: Sie können genauso wie Bohnen gegart werden (siehe Seite 64). Trockenerbsen müssen nicht immer eingeweicht werden und garen genauso schnell wie Linsen (siehe Seite 84).

Mehl

Kichererbsenmehl ist neben Sojamehl das am meisten verwendete Mehl aus Hülsenfrüchten. Es hat insbesondere in der traditionellen Küche der Mittelmeerregionen einen festen Platz und kommt in zahlreichen Pfannkuchenrezepten (siehe Seite 52: „Tofusocca") und anderen regionalen Spezialitäten wie der provenzalischen Panisse vor. Trockenerbsen sind vielleicht weniger berühmt, aber mindestens genauso vielseitig verwendbar. Auch sie können ähnlich wie Linsen (siehe Seite 84) geröstet und zu Mehl verarbeitet werden, wie in unserem Rezept „Herbstfarben" (Seite 56).

Gartenerbsen

Keimen

Kichererbsen

Kicher- sowie Trockenerbsen sind leicht zum Keimen zu bringen. Folgen Sie einfach der Anleitung für das Keimen von Linsen (siehe Seite 85). Wie auch die anderen Hülsenfrüchte werden Erbsen durch das Keimen zarter, nahrhaft und leicht zu kochen. Die Erbsensprossen werden in Ihrem Minigemüsegarten auf der Fensterbank neben hübschen kleinen Linsen und prächtigen Bohnen bald ihren angestammten Platz einnehmen. Wenn Sie nicht so viel Geduld haben, können Sie Erbsenkeime auch in der Frischeabteilung von Bioläden bekommen. Man kann sie auch wunderbar als Wokgemüse mit Bohnen- und Linsensprossen mischen.

Grüner Zaubertrank

Ein samtweicher eisgekühlter Smoothie aus grünen Erbsen

Dieser fruchtige, eiweißreiche Smoothie verbindet die Frische tiefgekühlter Erbsen mit einem Hauch Minze, der aromatischen Süße einer reifen Birne und der samtigen Konsistenz von Cashewkernen. Eine Leckerei für den kleinen Löffel.

Zutaten für 1 Portion

1 saftige Birne • 50 g tiefgekühlte Erbsen • 4–5 Cashewkerne • 1 Zweig frische Minze

Zubereitung

1. Die Birne waschen, in Stücke schneiden und in den Mixer geben.
2. Die übrigen Zutaten hinzufügen. Mixen. Schon fertig!

Knusprige Dreiecke
Mürbe Kekse aus Kichererbsen und getrockneten Tomaten

Eigenwillig im Design, unvergleichlich im Geschmack – diese knusprigen Dreiecke sollten Sie vorsichtshalber gleich in größeren Mengen herstellen: reißender Absatz garantiert! Die Hefeflocken sind eine natürliche Quelle für Vitamine der Gruppe B, vollwertige pflanzliche Proteine (die acht essenziellen Aminosäuren) und Mineralstoffe (Magnesium, Phosphor, Zink und Eisen). Ihre pikante, leicht malzige Note gepaart mit dem intensiven Aroma getrockneter Tomate macht diese knusprigen Knabbereien zu einer wahren Delikatesse.

Planung

Zubereitungszeit: 10 Minuten

Garzeit: 40 Minuten

Ergibt 12 Kekse

Zutaten

1 EL Leinsamen • 1 EL Hefeflocken • 1 getrocknete Tomate • 100 g Kichererbsenmehl • 100 ml Wasser

Zubereitung

1. Den Backofen auf 160 °C vorheizen.
2. Leinsamen, Hefeflocken und die getrocknete Tomate mahlen. Das Kichererbsenmehl hinzufügen. Alles vermengen, dann das Wasser zugeben und zu einem Teig verkneten.
3. Den Teig auf eine Silikonmatte geben. Mithilfe eines Teigschabers zu einer etwa 3–4 mm dicken Teigplatte verstreichen. Darauf mit einem Teigschneider dicht aneinander gereihte Dreiecke vorzeichnen, um sie nach dem Backen leichter ausschneiden zu können. Eventuell auf jedes Dreieck etwas Rosmarin streuen.
4. Im vorgeheizten Ofen 40 Minuten backen.

Erbsenduett
Samosas aus Kichererbsen, Brokkoli und Gartenerbsen

Im Ofen gebacken wird dieses in zarte Reisblätter eingehüllte Erbsenduo unwiderstehlich knusprig. Bestes Fingerfood!

Planung

Einweichen und Garen der Kichererbsen (siehe Seite 64) oder eine Konserve

⏲ Zubereitungszeit: 25 Minuten

⏲ Garzeit: 45 Minuten

Ergibt etwa 10 Samosas

Zutaten

30 g tiefgekühlte Erbsen • Sojamilch • 5 Reisblätter von 22 cm Durchmesser

Füllung: 100 g Brokkoli • 100 g gekochte Kichererbsen • ½ TL Bockshornklee • ½ TL Senf • ½ TL Kreuzkümmel • schwarzer Pfeffer

Zubereitung

1. Den Backofen auf 180 °C vorheizen.
2. Den Brokkoli in kleine Röschen zerteilen und 10 Minuten dampfgaren.
3. Die Kichererbsen mit Wasser abspülen und abtropfen lassen. Die Zutaten für die Füllung mit einem Pürierstab mixen.
4. Die tiefgekühlten Erbsen unter die Füllung mischen.
5. Etwas Sojamilch auf einen großen Teller gießen.
6. Die runden Reisblätter in zwei Hälften schneiden. Einen der Halbkreise 2–3 Minuten in der Sojamilch einlegen. Sobald er sich leicht falten lässt, 1 EL Füllung auf den Halbkreis geben und wie in der Zeichnung daraus einen Samosa formen. Mit den anderen Reisblättern ebenso verfahren.
7. Ein Backblech mit Backpapier auslegen und die Samosas darauf verteilen.
8. Im vorgeheizten Ofen 30 Minuten backen. Das Blech aus dem Ofen nehmen und die Samosas wenden. Dann weitere 5 Minuten backen.

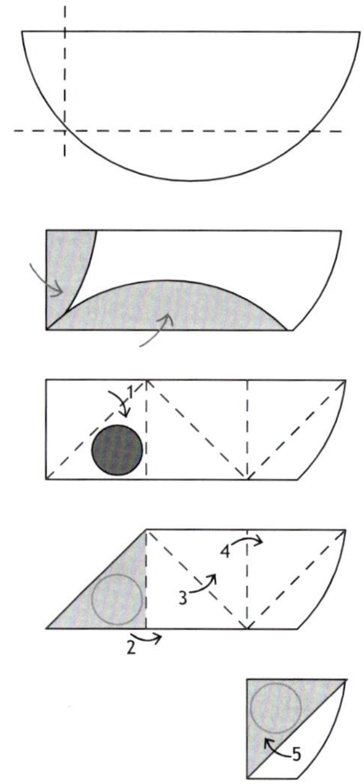

Wiesengrün
Ein proteinhaltiger Brotaufstrich aus Trockenerbsen und Spinat

Ohne lange Kochzeit gelingt ein cremiges Püree aus getrockneten Erbsen am besten, wenn Sie die Erbsen vorher in heißem Wasser einweichen. Diese Creme ist ein wahres Multitalent: Sie schmeckt auf knusprigem, geröstetem Brot genauso lecker wie als Dip oder als Soße zu knackigem Wokgemüse. Roher Spinat vertieft die hübsche, zartgrüne Farbe des Erbsenpürees, eine Gewürzmischung macht daraus eine pikante Leckerei.

Planung

Einweichzeit für die Trockenerbsen: 1 Stunde

⏲ Zubereitungszeit: 5 Minuten

⏲ Garzeit: 45 Minuten

Ergibt eine kleine Schale

Zutaten

100 g grüne Trockenerbsen • 2 Handvoll Spinatblätter • 1 EL Sojasoße • 1 TL Curry (oder Masalamischung) • schwarzer Pfeffer • 1 EL Tahin (oder Erdnussbutter) • 2 EL Zitronensaft • wahlweise: 1 geröstete Knoblauchzehe

Einweichen und Garen der Trockenerbsen

1. Die Trockenerbsen unter klarem Wasser gründlich abspülen.
2. Dann 1 Stunde in heißem Wasser einweichen. Abspülen und abtropfen lassen.
3. Die Trockenerbsen mit der doppelten Menge Wasser nach Anleitung auf der Verpackung bei schwacher Hitze weich kochen (etwa 45 Minuten).
4. Abgießen und abtropfen lassen.

Zubereitung

1. Alle Zutaten im Mixer verrühren, je nach Konsistenz eventuell etwas Wasser zugeben.
2. In ein Glas mit Schraubverschluss füllen. Die Creme hält sich im Kühlschrank bis zu einer Woche.

Kokos-Erbsen-Blumen

Ein cremiges Süppchen aus Erbsen, Blumenkohl und Kokos

Diese cremige Suppe ist ein idealer Trost- und Wärmespender, wenn man nach einem ungemütlichen Tag das Bedürfnis hat, sich selbst ein bisschen zu verwöhnen. Sie wird harmonisch abgerundet durch eine Auswahl unserer Lieblingsgewürze. Natürlich steht es jedem frei, ganz nach Belieben seine eigene Gewürzmischung zusammenzustellen und zu dosieren.

Planung

Einweichen der Trockenerbsen: 1 Stunde
Zubereitungszeit: 15 Minuten
Garzeit : 1 Stunde 20 Minuten
Für 2 Personen

Zutaten

100 g gelbe Trockenerbsen • 1 Zwiebel • 2 Knoblauchzehen • 2 cm frischer Ingwer • 1 TL Miso • 1 TL Bockshornklee • 1 TL Senfkörner • 1 TL Zimt • 1 TL Paprikapulver • 1 TL Kurkuma • ½ TL Anis • ½ TL geriebene Muskatnuss • schwarzer Pfeffer • 500 g Blumenkohl • 100 ml Kokosmilch • wahlweise: 1 kleine Chilischote

Einweichen der Erbsen

1. Die Trockenerbsen unter klarem Wasser gründlich abspülen.
2. Etwa 1 Stunde in heißem Wasser einweichen, abspülen und abtropfen lassen

Zubereitung

1. Zwiebel schälen und in feine Ringe schneiden. Die Knoblauchzehen schälen und in dünne Scheiben schneiden. Das Ingwerstück schälen und fein hacken.
2. Die eingeweichten Erbsen zusammen mit Knoblauch, Zwiebel, Miso und den übrigen Gewürzen in einen großen Topf geben. Bei schwacher Hitze 10 Minuten andünsten.
3. Mit 1 l Wasser aufgießen. Zum Kochen bringen und anschließend mit geschlossenem Deckel bei schwacher Hitze 45 Minuten köcheln lassen.
4. Den Blumenkohl in kleine Röschen teilen und hinzufügen. Die Kokosmilch dazugießen und bei schwacher Hitze etwa 20 Minuten weiterköcheln lassen (bis der Blumenkohl weich ist).
5. Mit einem Stabmixer pürieren, dann die Suppe noch einmal abschmecken. Mit jeweils einem Hauch Kokosmilch servieren.

Aus dem Backofen

Ein Gratin mit gelben Erbsen und Erdnuss auf einem Bett aus Schmorgemüse

Unter einem Mantel aus Erbsen und Erdnussbutter gedünstet, entfalten Aubergine, Champignons und Gewürze ihr feines Aroma.

Planung

Einweichen der Trockenerbsen: 1 Stunde
Zubereitungszeit : 15 Minuten
Garzeit: 1 Stunde 20 Minuten
Für 2 Personen

Zutaten

Püree: 100 g gelbe Trockenerbsen
• 1 EL Erdnussbutter • 1 EL Sojasoße
Gemüse: 1 Aubergine • 4–5 Champignons
• ¼ TL Paprikapulver • 1 Prise Thymian
• schwarzer Pfeffer
Zum Bestreuen: Hefeflocken • Paprikapulver

Einweichen und Garen der Erbsen

1. Die Trockenerbsen gründlich unter klarem Wasser abspülen.
2. In heißem Wasser 1 Stunde einweichen. Abspülen und abtropfen lassen.
3. Die eingeweichten Erbsen mit der doppelten Menge Wasser wie auf der Verpackung angegeben bei schwacher Hitze kochen (ungefähr 45 Minuten).
4. Abgießen und abtropfen lassen.

Zubereitung

1. Den Backofen auf 200 °C vorheizen.
2. Das Gemüse in grobe Stücke schneiden. Zusammen mit den Gewürzen 1–3 Minuten in einer Pfanne ohne Fett anbraten. Mit 2–3 EL Wasser ablöschen und weiter garen, bis das Gemüse leicht gebräunt, aber noch bissfest ist. In eine Auflaufform füllen.
3. Die gegarten Erbsen mit der Erdnussbutter und der Sojasoße pürieren und über das Gemüse geben. Abschließend mit Hefeflocken und Paprikapulver bestreuen.
4. Im vorgeheizten Ofen 30 Minuten überbacken.

Tofusocca
Ein sonniger Pfannkuchen aus Kichererbsen und Tofu

„Socca", der traditionelle Fladen aus Kichererbsenmehl, schmeckt am besten an einem sonnigen Plätzchen inmitten der Farbenpracht auf dem quirligen Blumenmarkt von Nizza. Wir stellen Ihnen hier eine etwas leichtere, überaus eiweißreiche Variante dieses traditionellen Pfannkuchens vor, die im Geschmack mit dem Original allemal mithalten kann: Neben der herzhaften Variante (mit Kurkuma, schwarzem Pfeffer und Sojasoße) gibt es selbstverständlich auch eine süße (mit Zimt, Johannisbrotkernmehl und Schokolade).

Planung

Zubereitungszeit: 10 Minuten

Garzeit: 10 Minuten

Für 1 Person

Zutaten

150 g Sojatofu • 40 g Kichererbsenmehl

Herzhafte Gewürzmischung: ½ TL Kurkuma • 1 EL Sojasoße • schwarzer Pfeffer

Süße Gewürzmischung: ½ EL ungesüßtes Kakaopulver • ½ EL Johannisbrotkernmehl • ½ TL Zimt

Zubereitung

1. Mit einem Stabmixer die Zutaten mit der jeweiligen Gewürzmischung zu einem glatten, cremigen Teig verrühren.
2. Eine Crêpepfanne (oder flache Pfanne) erhitzen.
3. Den Tofuteig in die Mitte der Pfanne gießen und mithilfe eines Spatels zu einem Pfannkuchen verstreichen.
4. Den Pfannkuchen bei mittlerer Hitze 5 Minuten backen, bis die Oberfläche zu trocknen beginnt. Vorsichtig wenden und auf der zweiten Seite weitere 2 Minuten backen.

Asiatische Leckereien in der Altstadt von Nizza

In Algenblätter gerollte und geröstete Panisse

Hinter dem Namen „Panisse" verbirgt sich eine weitere südfranzösische Teigspezialität aus Kichererbsen. Nach Makiart in Norialgenblätter gewickelt und in der Pfanne kurz angebraten, wird aus der mediterranen Leckerei im Handumdrehen eine asiatische. Die knusprig gerösteten Algenblätter bilden einen reizvollen Kontrast zu ihrem zart auf der Zunge zergehenden Inhalt. Norialgen sind nicht nur eine hervorragende Eiweißquelle (sie enthalten bis zu 47 Prozent Proteine), sondern auch reich an Omega-3-Fettsäure EPA (beugt Herz-Kreislauf-Erkrankungen vor), Ballaststoffen, Vitaminen, Mineralsalzen und Spurenelementen.

Planung

Zubereitungszeit: 25 Minute

Garzeit: 25 Minute

Kühlung: 1 Stunde

Ergibt 1 Rolle

Zutaten

50 g Kichererbsenmehl • 200 ml lauwarmes Wasser • 1 EL Olivenöl • 1 TL Sojasoße • 1 TL gemahlener Rosmarin • 1 Norialgenblatt

Zubereitung

1. Das Kichererbsenmehl in einen kleinen Topf geben. Mit dem Schneebesen nach und nach das lauwarme Wasser unterrühren, sodass keine Klümpchen entstehen. Olivenöl, Sojasoße und Rosmarin hinzufügen und vermengen.
2. Unter ständigem Rühren bei schwacher Hitze 10–15 Minuten zu einer Creme eindicken lassen.
3. Die Arbeitsfläche mit Frischhaltefolie auslegen, darauf das Algenblatt. Die Creme auf dem Algenblatt verstreichen, dabei am gegenüberliegenden Rand einen Streifen von 3 cm frei lassen. Vom vorderen Rand aus zu einer Rolle von 4–5 cm Durchmesser aufrollen.
4. Abkühlen lassen und dabei von Zeit zu Zeit auf der Arbeitsfläche hin und her rollen, um die runde Form bewahren.
5. Die Rolle 1 Stunde im Kühlschrank ruhen lassen. Herausnehmen und in etwa 1 cm dicke Stücke schneiden. Die Röllchen in einer Pfanne von beiden Seiten anrösten.

Herbstfarben
Kleine Bällchen aus Kürbis, Äpfeln, gelben Erbsen und Pflaumenpüree

Der Herbst ist nicht nur die Zeit der großen internationalen Marathonveranstaltungen, sondern auch Erntezeit für Äpfel und Kürbisse. Daraus lassen sich wahre Energiebomben herstellen, mit denen man nach dem Training oder nach einem langen Arbeitstag seine Reserven wieder auffüllen kann. Die kleinen Bällchen sind echte Handarbeit, es wird gerührt, geknetet und gerollt. Das Ergebnis: hübsche bunte Bällchen, die es in sich haben!

Planung

Zubereitungszeit: 15 Minuten

Garzeit: 35 Minuten

Ergibt etwa 20 Bällchen von der Größe eines Tischtennisballs

Zutaten

500 g Kürbis (oder Karotten) • 280 g Äpfel (vorzugsweise säuerliche) • 100 g gelbe Trockenerbsen • 50 g Mandeln • 50 g entsteinte Backpflaumen • 2 Kardamomkapseln • 1 EL helle Leinsamen • 1 TL Zimt • abgeriebene Schale einer Bioorange

Zubereitung

1. Den Backofen auf 180 °C vorheizen.
2. Kürbis (oder Karotten) und Äpfel schälen und grob raspeln. In einer Schüssel vermengen.
3. In einer Pfanne ohne Fett die Erbsen und Mandeln anrösten. Fein mahlen.
4. Das erhaltene Mehl zu den Kürbis- und Apfelraspeln geben und mit den Fingern gleichmäßig untermischen.
5. Die übrigen Zutaten mit dem Schneidstab zerkleinern und verrühren. Zu der Mischung in die Schüssel geben und mit den Fingern zu einer Teigkugel verkneten.
6. Mit den Händen etwa tennisballgroße Bällchen rollen und auf ein Backblech legen.
7. Im vorgeheizten Ofen 20 Minuten backen. Die Bällchen wenden und weitere 15 Minuten backen.

Erbsenriegel
Ein Energiesnack aus Aprikosen und karamellisierten Kichererbsen

Karamellisierte Kichererbsen in einer Mischung aus Honig und Zimt: zum Anbeißen! Der knusprige Karamellgeschmack macht diese eiweißreiche Kraftnahrung für Sportler im wahrsten Sinne des Wortes zu Lecker-„Bissen". Zudem steckt in den fruchtigen Riegeln so viel Energie, dass Sie Ihren alltäglichen (sportlichen) Herausforderungen gelassen ins Auge sehen können.

Planung

Einweichen und Garen der Kichererbsen (siehe Seite 64) oder eine Konserve
Zubereitungszeit: 15 Minuten
Garzeit: 10 Minuten
Kühlen: 1 Nacht
Für 6 Riegel

Zutaten

100 g gekochte Kichererbsen • 1 EL Honig • 1 TL gemahlener Zimt
Creme: 2 entsteinte Datteln • 1 EL helle Leinsamen • 1 EL Cashewmus • 100 ml Wasser
Flocken: 30 g Reisflocken • 40 g Haferflocken • 1 TL Zimt • 20 g getrocknete Bioaprikosen

Zubereitung

1. Die Datteln klein schneiden und mit den übrigen Zutaten der Creme verrühren. Beiseitestellen.
2. In einer großen Schale die Flocken mit dem Zimtpulver mischen. Die Aprikosen klein schneiden und zu den Flocken geben. Mischen.
3. In einer Pfanne die Kichererbsen zusammen mit Honig und Zimt bei schwacher Hitze etwa 10 Minuten karamellisieren.
4. Die karamellisierten Erbsen mit einer Gabel zerdrücken und unter die Flockenmischung rühren.
5. Die Zutaten der Creme pürieren. Zu der Mischung in die Schale geben und gut miteinander vermengen.
6. Die Masse in eine rechteckige Form (12 x 15 cm) geben und festdrücken.
7. Eine Nacht im Kühlschrank ruhen lassen, dann aus der Form lösen und in Riegel schneiden.

BOHNEN

ADZUKIBOHNEN

WEISSE RIESENBOHNEN

MUNGOBOHNEN

SCHWARZE BOHNEN

ROTE BOHNEN

Bohnenproteine

Die kleine, energiegeladene Adzuki trifft auf ihren Gegenpart: die gemütliche, wohlbeleibte Weiße Riesenbohne. Bohnen gibt es in den unterschiedlichsten Größen, Farben und Geschmacksrichtungen. Jede von ihnen hat ihren eigenen, unverwechselbaren Charakter. Diese Vielfalt gilt es zu nutzen! Bohnen sind wunderbare Geschmacksträger und somit eine ausgezeichnete Basis für ebenso herzhafte wie süße Cremes oder für Kuchenteig. Aber genauso gut lassen sie sich knusprig rösten und wie Popcorn oder in Form von Sprossen im Wokgemüse genießen

Durchschnittliche Nährwerte von 100 g Bohnen

Energiegehalt	Eiweiß	Kohlenhydrate	Fett	Ballaststoffe	Natrium
265 kcal	21 g	38 g	1,4 g	20 g	12 mg

Calcium	Phosphor	Magnesium	Eisen	Vitamin B1	Vitamin B6
66 mg	380 mg	160 mg	6,5 mg	0,5 mg	0,5 mg
7 % v. RDA	47 % v. RDA	53 % v. RDA	46 % v. RDA	35 % v. RDA	25 % v. RDA

RDA: Recommended Daily Allowance = empfohlene Tageszufuhr/-dosis

Bohnen: Das Wichtigste in Stichpunkten

Garen

Weiße Bohnen

1. Bohnen unter klarem Wasser gründlich abspülen, um Sand, Verunreinigungen und Staub herauszuwaschen.
2. In reichlich Wasser (am besten gefiltert) 1 Nacht (8–12 Stunden) einweichen. Abgießen und abtropfen lassen.
3. In einem großen Topf Wasser zum Kochen bringen.
4. Die Bohnen hineingeben und 10 Minuten sprudelnd kochen lassen. Das Kochwasser abgießen und unter klarem Wasser den entstandenen Schaum herausspülen.
5. Die Bohnen wieder in den Topf füllen und gut mit Wasser bedeckt bei geschlossenem Deckel köcheln lassen, bis die Bohnen weich sind (Garzeit wie auf der Verpackung angegeben).

Die gekochten Bohnen lassen sich gut einfrieren, ohne ihre Konsistenz oder ihren Geschmack zu beeinträchtigen. Sie können auf Vorrat ein ganzes Päckchen auf einmal garen, auf Zimmertemperatur abkühlen lassen und jeweils 200 g vorgekochte Bohnen portionsweise in luftdicht verschlossenen Gefrierbeuteln einfrieren.

Schwarze Bohnen

Bohnen in Konserven vereinfachen das Leben

Die meisten unserer Rezepte haben wir zur Probe auch mit (Bio-)Bohnen-Konserven (wichtig bei Adzukibohnen: ungesalzen und ungezuckert!), ohne Zusatzstoffe oder Konservierungsmittel zubereitet und für gut befunden. Wer qualitativ hochwertige Konserven kauft, erspart sich das Einweichen und Vorkochen der Bohnen, ohne Abstriche beim Geschmack machen zu müssen.

Keime

Rote Bohnen

Alle Biobohnensorten, vorzugsweise regionaler Herkunft, kann man hervorragend keimen lassen. Folgen Sie dazu der Anleitung zum Keimen von Linsen (siehe Seite 85). Die sogenannten „Sojasprossen" sind eigentlich die jungen Keime von Mungobohnen, zweifellos die bekannteste und am weitesten verbreitete Bohnensprossenart. Bohnen lassen sich leicht zum Keimen bringen; sie werden dadurch zarter, bekömmlicher und nahrhafter. Zudem garen sie beim Kochen schneller. Durch das Keimen werden der Stoffwechsel und die Enzymaktivität der Bohnen angeregt, ihre Vitamin- und Eiweißwerte steigen. Die kleinen Bohnen, Mungos und Adzukis keimen innerhalb von 24 Stunden: eine sehr einfache Methode, um sich im Winter durch einen Minigemüsegarten in der Küche mit Vitaminen zu versorgen. Mischen Sie die Bohnensprossen mit Linsen- und Erbsenkeimen oder machen Sie daraus einen hübschen Salat mit zartem Biss (siehe Seite 72: „Sprossensalsa").

Auch im Biohandel findet man neben den üblichen „Sojasprossen" mittlerweile eine Vielfalt anderer Bohnenkeime.

Marmorierte Borlotti- oder Wachtelbohnen

Scharfe Bohnen
Eine Handvoll scharf gewürzte und geröstete Bohnen zum Knabbern

Diese nach Popcornart gerösteten Bohnen können süchtig machen – nicht nur zum Aperitif! Im heißen Ofen platzen sie auf und bekommen eine knusprig karamellisierte Hülle, im Inneren bleibt ein zartschmelzender Kern ... Wenn Sie noch etwas mehr Farbe ins Spiel bringen wollen, können Sie dafür auch eine Bohnenmischung aus der Konserve verwenden. Wichtig ist nur, die Bohnen gut abzutrocknen (mit einem sauberen Geschirrtuch oder mit Haushaltspapier), bevor sie in den Ofen kommen.

Planung

Eine Bohnenkonserve oder Zeit zum Einweichen und Kochen (siehe Seite 64) einplanen.

Zubereitungszeit: 5 Minuten

Garzeit: 30 Minuten

Ergibt eine kleine Schale

Zutaten

200 g gekochte Bohnen (oder eine Mischung aus der Konserve, mit Kichererbsen) • 1 TL Olivenöl

Gewürzmischung 1: 1 TL Kurkuma • schwarzer Pfeffer • 1 Prise Salz

Gewürzmischung 2: 1 TL Paprikapulver • 1 TL gemahlener Rosmarin • 1 Prise Salz

Gewürzmischung 3: 1 TL Bockshornklee • 1 TL Senfpulver

Zubereitung

1. Den Backofen auf 180 °C vorheizen.
2. Die Bohnen abspülen und trocknen. Das Öl hinzugeben und vermengen.
3. Ein Backblech mit Backpapier auslegen. Die Bohnen auf dem Blech gleichmäßig verteilen. Mit der gewünschten Gewürzmischung bestreuen.
4. Im vorgeheizten Ofen 20 Minuten backen. Herausnehmen und durchmischen. Dann weitere 10 Minuten backen.

VARIATIONEN

Feurige Erbsen: Verfahren Sie genauso mit Kichererbsen. Sie bleiben beim Backen ganz (sie platzen nicht), außen knusprig und innen zart.

Kinako: Dafür nimmt man geschälte Sojabohnen. Im Ofen gebacken, werden sie sehr knusprig und erinnern an Erdnüsse.

1. Die Bohnen über Nacht (mindestens 6 Stunden) einweichen. Abtropfen lassen.
2. Trocknen und weiter wie im Rezept angegeben zubereiten (ca. 40 Minuten Backzeit).

Erdnusspops: Aus frischen geschälten Erdnüssen. Zubereiten wie „Kinako“.

Zarte Böhnchen
Ein cremig-sahniger Brotaufstrich aus weißen Bohnen und Sojajoghurt

Was eignet sich besser, um sich auf ein leckeres Essen einzustimmen und gleichzeitig die Wartezeit etwas zu verkürzen, als ein leckerer Dip, umgeben von knackigen Gemüsestreifen, Crackern oder gerösteten Brotscheiben. Dieser würzige „umami" Appetitanreger wird dank der dicken weißen Bohnen zu einer wahrhaft „runden" Sache. Hatten wir wirklich gesagt, nur ein Schälchen auf dem Tisch?

Planung

Eine Konserve oder Zeit zum Einweichen und Kochen der weißen Bohnen (siehe Seite 64) einplanen.

Zubereitungszeit: 5 Minuten

Ergibt 1 kleine Schale

Zutaten

200 g gekochte weiße Riesenbohnen • 1 getrocknete Tomate • 1 Natursojajoghurt (100 g) • 3 EL Hefeflocken • 1 TL Miso • 1 EL Zitronensaft • 1 EL Tahin (oder Erdnussbutter)

Zubereitung

1. Die weißen Bohnen spülen und abtropfen lassen. Mit den anderen Zutaten im Mixer oder mit dem Pürierstab zu einer sahnigen Creme verrühren.
2. Die Creme in ein Glas mit Schraubverschluss füllen. Im Kühlschrank hält sie sich bis zu 1 Woche.

HINWEIS

Diese Creme wird für den Teig der „Sonntagabend-Pizza" verwendet (siehe Seite 102).

Cracker „Schwarze Magie"
Knusprige Kekse aus schwarzen Bohnen, Leinsamen und Vollkornreisflocken

Gegensätze ziehen sich an: Diese knusprigen Cracker sind die ideale Ergänzung zu unserem Dip „Zarte Böhnchen" (siehe Seite 68). Die dunkle Farbe bildet einen reizvollen Kontrast zu der hellen Creme.

Planung

Eine Konserve oder Zeit zum Einweichen und Kochen der schwarzen Bohnen (siehe Seite 64) einplanen.
Zubereitungszeit: 5 Minuten
Garzeit : 20 Minuten
Ergibt ca. 12 Cracker

Zutaten

200 g gekochte schwarze Bohnen • 60 g Leinsamen • 30 g Hefeflocken • 1 EL Honig • 100 ml Wasser • 50 g Biovollkornreisflocken

TIPP

Wer es gar nicht abwarten kann, sollte die Cracker aus dem Ofen noch warm probieren! Sollten doch ein paar übrig bleiben, halten sie sich in einem luftdicht verschlossenen Glas bis zu einer Woche frisch.

Zubereitung

1. Den Backofen auf 180 °C vorheizen.
2. Bohnen abspülen und abtropfen lassen. Bis auf die Hefeflocken alle Zutaten in der Küchenmaschine oder mit dem Stabmixer verrühren. Die Hefeflocken unter Rühren hineinrieseln lassen und die Mischung zu einem dickflüssigen Teig verarbeiten. Wenn nötig, etwas Wasser hinzufügen.
3. Die Mischung auf ein mit Backpapier ausgelegtes Blech geben und zu einer 3–4 mm dicken Platte verstreichen. Mit einem Teigmesser Rauten von 8–10 cm Seitenlänge vorzeichnen, damit die Cracker nach dem Backen leichter auszuschneiden sind.
4. Im vorgeheizten Ofen 20 Minuten backen.

Sprossensalsa
Sprossen und Keime von Hülsenfrüchten mit Joghurt-Erdnuss-Soße

Diesen bunten Salat, eine vollwertige und ausgewogene Mahlzeit, haben Sie innerhalb von fünf Minuten mit selbst gezogenen Sprossen und Keimen gezaubert. Aus Bohnen, Linsen und Erbsen lassen sich schnell und unkompliziert, innerhalb von 24 bis 48 Stunden, Keime ziehen (siehe Anleitung auf Seite 65). Für eine individuelle Mischung können Sie verschiedene Hülsenfrüchte zusammen keimen lassen: Bohnen (Adzukis, Mungos, schwarze Bohnen ...), Linsen (grüne, gelbe ...), Kichererbsen, grüne Trockenerbsen. Die zarten Keime vor dem Verzehr nur kurz andünsten und noch lauwarm unter einen frischen Salat mit Chicorée und jungen Rote-Bete-Sprossen mischen. Eine helle Soße aus Joghurt und Erdnussbutter darübergeben: fertig! Wer möchte, ergänzt die eigenen Züchtungen mit Sprossenmischungen aus dem Bioladen.

Planung

Zubereitungszeit: 5 Minuten

Garzeit: 5–10 Minuten

Für 2 Personen

Zutaten

2 Tomaten • 100–150 g gemischte Sprossen von Hülsenfrüchten • 100 g Mungobohnensprossen • 1 Natursojajoghurt • 1 EL Erdnussbutter • schwarzer Pfeffer • 2 Chicorée • wahlweise: 1 Handvoll Rote-Bete-Sprossen

Zubereitung

1. Die Tomaten in kleine Würfel schneiden. Die Tomatenstückchen, die gemischten Hülsenfrüchte- und die Mungobohnensprossen in wenig Wasser 5 Minuten im Wok andünsten (bei Kichererbsensprossen bis zu 10 Minuten rechnen).
2. Joghurt und Erdnussbutter in einer Salatschüssel verrühren. Pfeffern. Den Chicorée in Ringe schneiden, in die Schüssel geben und mit der Soße mischen.
3. Das Gemüse direkt aus der Pfanne zu dem Salat geben und vermengen. Nach Belieben Rote-Bete-Sprossen darüberstreuen. Servieren.

Sanfte Power

Eine Zucchini-Seidentofu-Pastete auf einem Bett aus Linsen und Bohnen

In der zarten Leichtigkeit dieser Pastete steckt überraschend viel Energie. Die flüssige Zucchinimousse muss zum Kochen gebracht werden, um sich dann mithilfe von Agar-Agar zu verfestigen. Der nach dem Backen zunächst feste Pastetenteig wird durch die Feuchtigkeit der Masse locker und zart. Ihre endgültige Konsistenz und wunderbar seidigen Zauber enthüllt die Terrine jedoch erst, sobald man sie aus dem Kühlschrank genommen hat.

Planung

Eine Konserve oder Zeit einplanen zum Einweichen und Vorkochen der weißen Bohnen (siehe Seite 64)

Zubereitungszeit: 30 Minuten

Garzeit: 30 Minuten

Ruhezeit im Kühlschrank: mindestens 1 Stunde

Für 4 Personen

Zutaten

Pastetenteig: 40 g rote Linsen • 1 EL Leinsamen • 200 g gekochte weiße Bohnen • 1 EL Erdnusscreme • 3 getrocknete Tomaten • 50 ml Wasser

Mousse: 1 mittelgroße Zucchini (300 g) • 3 TL Agar-Agar • 300 g Seidentofu • 1 Bioorange • 1 Zweig Minze • schwarzer Pfeffer

Zubereitung des Pastetenteigs

1. Den Backofen auf 180 °C vorheizen.
2. Die Linsen in einer Pfanne ohne Fett leicht anbräunen. Die Leinsamen hinzufügen und alles zusammen fein mahlen.
3. Die weißen Bohnen spülen und abtropfen lassen. Mit den übrigen Teigzutaten in der Küchenmaschine oder mit dem Stabmixer pürieren. Das frisch gemahlene Mehl hinzufügen und zu einem Teig verkneten.
4. Den Boden einer runden, mit Backpapier auslegten (Spring-)Form von 20 cm Durchmesser mit der Teigschicht bedecken.
5. Im vorgeheizten Ofen 20 Minuten backen. Den trocken gebackenen, an der Oberfläche leicht rissigen Teig in der Form auf Zimmertemperatur abkühlen lassen. Währenddessen die Mousse vorbereiten.

Zubereitung der Mousse

1. Die Zucchini waschen und in kleine Würfel schneiden. Zusammen mit dem Agar-Agar und dem Tofu in die Rührschüssel geben. Orangenschale reiben, dann die Orange schälen und aus den einzelnen Segmenten das Fruchtfleisch herauslösen. Abgeriebene Schale und Fruchtfleisch der Orange mit der Minze in die Rührschüssel geben. Pfeffern. Alles pürieren und in einen kleinen Topf füllen.
2. Bei geschlossenem Deckel und mittlerer Hitze zum Kochen bringen. Unter ständigem Rühren 30 Sekunden aufkochen lassen, dann den Topf vom Herd nehmen.

Zubereitung der Pastete

1. Die Zucchinimousse auf den Pastetenteig geben und auf Zimmertemperatur abkühlen lassen.
2. Mindestens 1 Stunde in den Kühlschrank stellen. Vor dem Servieren vorsichtig aus der Form lösen.

Verbotene Früchte

Ein zartschmelzender Kern aus Bohnen und Roter Bete zwischen Orangen und einem Hauch Joghurt

Sobald man bei diesem fruchtig-herzhaften Kuchen aus roten Bohnen und Roter Bete den kleinen Löffel in die Wolke aus Joghurt taucht, ist die Überraschung perfekt! Mit geschlossenen Augen auf der Zunge zergehen lassen und genießen!

Planung

Eine Konserve oder Zeit einplanen zum Einweichen und Vorkochen der roten Bohnen (siehe Seite 64)

Zubereitungszeit: 20 Minuten

Garzeit: 40 Minuten

Für 4 kleine feuerfeste Schälchen

Zutaten

1 Orange • 240 g gekochte rote Bohnen • 1 EL Sojasoße • 1 EL Thymian • 2 getrocknete Feigen (30 g) • schwarzer Pfeffer • 1 dicke Rote-Bete-Knolle (180 g) • 2 Natursojajoghurt (200 g)

Zubereitung

1. Den Backofen auf 180 °C vorheizen.
2. Die Orange schälen und davon 4 große Scheiben abschneiden. Je eine Scheibe auf den Boden eines feuerfesten Schälchens legen.
3. Die Bohnen spülen und abtropfen lassen. Mit der Sojasoße, dem Thymian, den Feigen und dem Rest der Orange pürieren. Pfeffern.
4. Die Rote Bete schälen und grob reiben. Zu dem Bohnenpüree hinzugeben und vermengen.
5. Das Püree in die mit Orangenscheiben ausgelegten Schälchen füllen (nicht höher als 1 cm unter den Rand). Das Püree mit einem Esslöffel fest andrücken.
6. Darauf vorsichtig bis zum Rand des Schälchens den Joghurt gießen. Pfeffern und mit ein paar Thymianblättchen bestreuen. Die Schälchen auf ein Backblech stellen.
7. Im vorgeheizten Ofen 40 Minuten backen.

Drachenfeuer
Gedämpfte Bällchen aus Adzukibohnen und Reis

Sobald kurz nach Sonnenaufgang das Leben in den Straßen von Hongkong beginnt, bieten fliegende Händler für einen gelungenen Start in den Tag „dim sum" an, kleine gedämpfte Häppchen, die direkt von der Hand in den Mund wandern. Die Verbindung von Adzukibohnen und Reis macht aus diesen kleinen Bällchen wahre Proteinbomben, denen schon die großen Kung-Fu-Meister ihre legendäre Geschmeidigkeit und Kraft verdankten. Zu so früher Stunde ist Träumen noch erlaubt! Genauso gut kann Ihnen das „Drachenfeuer" in der Mittagspause neue Energie einhauchen. Aber Vorsicht: Es verleiht Flügel!

Planung

Eine Konserve oder Zeit einplanen für das Einweichen und Vorkochen der Adzukibohnen (siehe Seite 64)

⏲ Zubereitungszeit: 15 Minuten

⏲ Garzeit: 20–30 Minuten

Ergibt etwa 8 Bällchen von der Größe eines Tischtennisballs

Zutaten

200 g gekochte Adzukibohnen • ¼ TL Paprikapulver • schwarzer Pfeffer • 100 g roter oder schwarzer Reis (oder Biovollkornreismehl) • 1 EL Leinsamen

Zubereitung

1. Die Bohnen spülen und abtropfen lassen. Mit den Gewürzen zusammen pürieren.
2. Reiskörner und Leinsamen fein mahlen.
3. Das Mehl zu der Bohnenmischung geben und zu einem Teig verarbeiten. Eventuell etwas Wasser zugeben.
4. Mit den Händen kleine Bällchen formen und in einen Bambuskorb legen. Etwas Wasser in eine Pfanne gießen, sodass der Boden bedeckt ist, und den Korb hineinstellen. Bei starker Hitze 20 Minuten dampfgaren.

TIPP

Sie können die Bällchen auch 30 Minuten in einem Dampfgarer oder einem Dampfbackofen (Temperatureinstellung: 100 °C; Feuchtigkeit: 100 %) zubereiten. Die Bällchen genießt man am besten noch lauwarm. Auf Zimmertemperatur abgekühlt, halten sie sich im Kühlschrank bis zu einer Woche. Sie lassen sich problemlos aufwärmen und sind eine leckere Beilage zu einer Gemüsepfanne oder einer Suppe.

VORSCHLAG

Diese kleinen Bällchen eignen sich hervorragend zur Verarbeitung von Resten. Sie können dieses Basisrezept jederzeit nutzen und zu den Bohnen (vor dem Pürieren), zu Mandel-, Nuss- und anderen Cremes oder zu Resten vegetarischer Pasten, Soßen oder Gemüsepürees hinzufügen. So ergeben sich immer neue Geschmacksrichtungen. Wiegen Sie das erhaltene Püree ab. Wie im Grundrezept benötigen Sie immer halb so viel Reismehl wie Püree.

Vollmond
Eine „Weiße Creme“ aus Seidentofu und Kokos auf einem Adzuki-Cashew-Bananen-Küchlein

Der leichte Schlaf in Vollmondnächten ist eine gute Entschuldigung, um sich leise in die Küche zu schleichen und einen Löffel von diesem verführerischen Dessert zu naschen. Auch wenn im Rezept ausdrücklich steht, man soll es vor dem Servieren eine Nacht im Kühlschrank ruhen lassen ...

Planung

Eine Konserve oder Zeit einplanen zum Einweichen und Vorkochen der Adzukibohnen (siehe Seite 64)
⏲ Zubereitungszeit: 20 Minuten
⏲ Gerzeit: 30 Minuten
Ruhezeit im Kühlschrank: mindestens 1 Stunde
Für 4 Personen

Zutaten

Küchlein: 40 g roten oder schwarzen Reis (oder Biovollkornreismehl) • 1 EL Leinsamen • 200 g gekochte Adzukibohnen • 2 Bananen • 1 EL Cashewmus

Weiße Creme: 1 Biozitrone • 300 g Seidentofu • 250 ml Kokosmilch • 2 TL Agar-Agar • 2 EL Agavendicksaft

Zubereitung der Küchlein

1. Den Backofen auf 180 °C vorheizen.
2. Die Reiskörner und Leinsamen fein mahlen.
3. Die Bohnen abspülen und abtropfen lassen. Die Banane schälen und in kleine Stücke schneiden. Die Bohnen zusammen mit den Bananenstückchen und dem Cashewmus pürieren. Falls nötig, etwas Wasser hinzufügen.
4. Das frisch gemahlene Mehl zu der Mischung geben und alles zu einem Kuchenteig verarbeiten.
5. Den Teig in eine runde, eventuell mit Backpapier ausgelegte (Spring-)Form von 20 cm Durchmesser geben und gleichmäßig zu einer etwa 1 cm dicken Teigplatte verstreichen.
6. Im vorgeheizten Ofen 30 Minuten backen. Herausnehmen und in der Form auf Zimmertemperatur abkühlen lassen. Währenddessen die Creme vorbereiten.

Zubereitung der Creme

1. Die Schale der Zitrone abreiben und den Saft auspressen. Alle Zutaten in einem Standmixer pürieren und in einen kleinen Topf gießen.
2. Bei mittlerer Hitze zum Kochen bringen. Mit dem Schneebesen schlagen, 30 Sekunden aufkochen lassen und sofort vom Herd nehmen.
3. Die Creme vorsichtig über den gebackenen Boden gießen. Auf Zimmertemperatur abkühlen lassen, dann über Nacht in den Kühlschrank stellen (mindestens jedoch 1 Stunde).

LINSEN

Die in den Rezepten dieses Kapitels angegebenen Linsen können jederzeit durch andere Sorten ersetzt werden.

BELUGALINSEN, BRAUNE UND GRÜNE LINSEN

GELBE UND ROTE LINSEN

LINSENMISCHUNGEN

Linsenproteine

Linsen werden überall in Europa hauptsächlich in Frankreich, Italien und der Türkei angebaut. In Deutschland gibt es Linsenanbau nur noch in geringem Umfang auf der Schwäbischen Alb und in Niederbayern, wobei sich gerade im ökologischen Landbau das Interesse an Linsen wieder verstärkt. Fragen Sie im Bioladen nach heimischen Sorten.

Durchschnittliche Nährwerte von 100 g Linsen

Energiegehalt	Eiweiß	Kohlenhydrate	Fett	Ballaststoffe	Natrium
315 kcal	25 g	45 g	1,3 g	14 g	7 mg

Calcium	Phosphor	Magnesium	Eisen	Vitamin B1	Vitamin B6
41 mg	350 mg	115 mg	8 mg	0,5 mg	0,6 mg
4 % v. RDA	44 % v. RDA	38 % v. RDA	57 % v. RDA	35 % v. RDA	30 % v. RDA

RDA: Recommended Daily Allowance = empfohlene Tageszufuhr/-dosis

Wir haben uns bei unseren Rezeptideen sehr von der Küche Südindiens inspirieren lassen, weil dort oft Gemüse in Verbindung mit fein abgestimmten Gewürzen im Mittelpunkt steht und die unterschiedlichsten Zubereitungsarten von Linsen und Reis die Basis vieler traditioneller Gerichte darstellen.

Linsen: Das Wichtigste in Stichpunkten

Geröstet

Gekeimte Linsen

Lassen Sie die Linsen in einer Pfanne ohne Fett leicht anbräunen. Bei roten Linsen ist die Verfärbung deutlich sichtbar. Bei schwarzen oder grünen Linsen fällt sie dagegen weniger ins Auge. Um einen Anhaltspunkt zu haben, wann der Röstvorgang abgeschlossen ist, mischen wir die Linsen meistens mit ein paar Sonnenblumenkernen oder Dinkelkörnern. Geröstete Linsen (insbesondere rote Linsen) zeichnen sich durch einen intensiveren Geschmack aus, mit einem Hauch von Karamell und Biskuit. Durch das Rösten bekommen sie mehr Festigkeit und lösen sich beim Kochen nicht so leicht auf.

Gemahlen

Linsenmehl finden Sie im Biohandel oder in den Anbaugebieten eventuell auch direkt bei den Erzeugern.

Um Ihr eigenes Mehl herzustellen, können Sie die Linsen (geröstet oder ungeröstet) in einer Kaffeemühle oder einem Standmixer mit speziellem Trockenmahlwerk fein mahlen. Je feiner, desto besser, sonst sollte man das Mehl durchsieben. Im Ganzen sind die Linsen länger haltbar, ein Grund mehr, sie nur nach Bedarf und erst kurz vor dem Gebrauch zu mahlen.

Gekocht

In der Regel müssen Linsen nicht eingeweicht werden. Sie garen wesentlich schneller als andere Hülsenfrüchte (rote Linsen sind schon nach 7–8 Minuten gar).

1. Die Linsen unter klarem Wasser gründlich spülen, um kleine Verunreinigungen herauszuwaschen.
2. Bei schwacher Hitze mit der doppelten Menge Wasser wie auf der Verpackung angegeben weich kochen.
3. Abgießen und abtropfen lassen.

Braune Linsen

Grüne Linsen

Eingeweicht

Bei der Zubereitung eines streichfähigen Teigs (siehe Seite 92: „Snack à la Datscha" und Seite 104: „Grüße aus der Champagne") ist es ratsam, die Linsen vor Gebrauch eine Stunde einzuweichen, damit sie sich leichter pürieren lassen.

Gekeimt

Alle Biolinsen eignen sich gut zum Keimen. Dabei werden ihr Stoffwechsel und ihre Enzymaktivität angeregt, ihre Vitamin- und Eiweißwerte steigen. Außerdem sind gekeimte Linsen bekömmlicher und nährstoffreicher. Die Keime bilden sich bereits nach 24–48 Stunden.

Man braucht dazu: ein Keimgerät aus Glas mit Schraubverschluss, ein Edelstahlsieb, eine Stahlstütze und ein Abtropfgestell.

1. Die Linsen unter klarem Wasser gründlich spülen, um Verunreinigungen zu entfernen.
2. Im Keimgerät mit reichlich Wasser über Nacht (8–12 Stunden) einweichen lassen.
3. Linsen gut spülen, dabei das Wasser aus dem Hahn direkt durch das Gitter im Deckel fließen lassen. Abgießen und das Keimgefäß mit dem Deckel nach unten auf die Abtropfhalterung stellen.
4. Schritt 3 (Spülen und Abgießen) während der 2–3 Tage dauernden Keimung, regelmäßig morgens und abends wiederholen.

Rote Linsen

Die Linsenkeime sind nicht nur hübsch anzusehen, sondern strotzen auch vor gesunden Inhaltsstoffen! Man kann sie roh (siehe Seite 90 „Vermischtes Chutney"), kurz angedünstet (siehe Seite 72 „Sprossensalsa") oder auch im Ofen gegart wie bei den „Pimientos rellenos" verzehren (siehe Seite 86).

Pimientos rellenos – Gefüllte Paprika
Gefüllte Paprika mit grünen Linsen und karamellisierten roten Zwiebeln unter knusprigem Misokrokant

Ein Klassiker mit katalanischem Einschlag für einen geselligen Abend unter Freunden oder in der Familie. Die im Ofen gegarten gefüllten Paprika sind sehr einfach zuzubereiten. Die Linsenfüllung stellt auch hungrige Leckermäuler zufrieden. Eine in Orangensaft karamellisierte rote Zwiebel unterstreicht den leicht süßlichen Geschmack der Paprika. Gekrönt wird das Ganze durch knusprig würzige Streusel aus Misokrokant.

Planung

Zubereitungszeit: 15 Minuten

Garzeit: 1 Stunde 5 Minuten

Für 4 Personen

Zutaten

200 g grüne Linsen • 4 schöne Paprikaschoten • 1 rote Zwiebel • 1 Bioorange • 1 EL Sojasoße • schwarzer Pfeffer • 30 g Misokrokant (siehe Seite 24)

Zubereitung

1. Unter klarem Wasser die Linsen gründlich spülen.
2. Mit der doppelten Menge Wasser bei schwacher Hitze nach Packungsanleitung garen (grüne Linsen etwa 20 Minuten).
3. Abgießen und abtropfen lassen.
4. Den Backofen auf 180 °C vorheizen.
5. Die Paprikaschoten auf die Seite legen und im oberen Viertel einen Deckel abschneiden, aushöhlen und Kerne entfernen.
6. Die Paprikadeckel in kleine Würfel schneiden. Die Zwiebel pellen und ebenfalls in kleine Würfel schneiden. Zusammen mit dem Saft und der abgeriebenen Schale der Orange etwa 15 Minuten bei schwacher Hitze in einer Pfanne andünsten.
7. Die Linsen zusammen mit der Sojasoße im Stabmixer pürieren. Pfeffern. Die Gemüsewürfel hinzufügen und vermengen.
8. Die Paprikaschoten auf ein Backblech stellen und mit der Linsenmasse füllen. Großzügig mit dem Krokant bestreuen.
9. Im vorgeheizten Backofen 30 Minuten garen.

VORSCHLAG

Wenn man gekeimte Linsen verwendet, erspart man sich das Vorkochen.

Die andere Béchamel

Eine leichte Soße aus gerösteten roten Linsen, Cashew und Reismilch

Dieses Rezept ist eine freie Interpretation der klassischen Sauce béchamel nach „Linsenart". Cashewmus und Reismilch machen daraus eine cremige, leicht süßliche Soße.

Planung

Zubereitungszeit: 5 Minuten

Garzeit: 15 Minuten

Ergibt eine kleine Schale

Zutaten

50 g rote Linsen • 30 g Bio-Cashewmus • 500 ml Reismilch • geriebene Muskatnuss • schwarzer Pfeffer

Zubereitung

1. Die Linsen in einer Pfanne ohne Fett anbräunen und fein mahlen.
2. In einem Topf das Cashewmus mit etwas Reismilch verdünnen. Das frisch gemahlene Linsenmehl mit dem Schneebesen unterrühren, sodass keine Klümpchen entstehen. Unter ständigem Rühren die restliche Reismilch hinzugeben.
3. Die Soße bei schwacher Hitze unter Rühren andicken lassen (10 Minuten). Nach Geschmack würzen.

Vermischtes Chutney

Eine süßsaure Soße aus Birnen und Linsenkeimen

Der Klassiker der angloindischen Küche hat uns zu diesem gesunden Birnenchutney mit gekeimten Linsen inspiriert, das sogar ohne Kochen auskommt. Aus der Verbindung von fruchtigem Aroma mit feiner Würze entsteht eine wahre Schlemmersoße. Das eigentliche Geheimnis hinter dieser leckeren süßsauren Soße ist das Zusammenspiel von Tamarindenpaste und frischem Ingwer. Die Paste wird aus dem Fruchtfleisch der entsteinten Schoten des Tamarindenbaums, auch Sauerdatteln oder indische Datteln genannt, hergestellt. Sie können die Zitrone und die Tamarindenpaste auch durch einen Esslöffel Balsamico ersetzen.

Planung

Keimen der Linsen (siehe Seite 85)

⏲ Zubereitungszeit: 5 Minuten

Ergibt 1 kleines Glas

Zutaten

100 g gekeimte weiße Linsen • 1 EL Tamarindenpaste • 1 getrocknete Tomate • 1 Birne • 1 EL fein gehackter frischer Ingwer • 2 entsteinte Backpflaumen • 1 EL Zitronensaft

Zubereitung

1. Die Zutaten pürieren.
2. In ein luftdicht verschlossenes Glasgefäß füllen. Das Chutney hält sich im Kühlschrank etwa 1 Woche.

Bretonische Spitze

Crêpes aus roten Linsen und Buchweizenmehl mit Backpflaumen verfeinert

Buchweizen ist ein ausgezeichneter Proteinlieferant (darunter die acht essenziellen Aminosäuren), glutenfrei, äußerst nährstoffreich, mit einem hohen Gehalt an löslichen Ballaststoffen und Antioxydantien. Das allein erklärt schon, warum er in unserer Küche einen „Ehrenplatz" einnimmt. Dieses Getreide ist eine ausgewogene Ergänzung zum Nährstoffprofil der Linsen, vor allem aber ergänzt er sie wunderbar im Geschmack, besonders in einem leckeren Teig wie für diese hauchdünnen bretonischen Crêpes.

Planung

Einweichen: 1 Stunde

Zubereitungszeit: 25 Minuten

Garzeit: ca. 1 Stunde

Ergibt 8–10 Crêpes

Zutaten

50 g rote Linsen • 50 g Buchweizenkörner • 2 entsteinte Backpflaumen • 1 EL Leinsamen • 1 TL Zimtpulver

VARIANTE: HEFEPFANNKUCHEN

Die Zutaten um 1 TL Trockenhefe ergänzen.
1. Linsen und Buchweizen gründlich spülen. Zusammen mit den klein geschnittenen Backpflaumen, der Hefe und den Leinsamen in einer Schale mit lauwarmem Wasser 2 Stunden einweichen.
2. Weiter wie im Rezept angegeben zubereiten.

Zubereitung

1. Linsen und Buchweizen gründlich spülen. Zusammen mit den klein geschnittenen Backpflaumen und den Leinsamen in einer Schale mit kochendem Wasser übergießen und 1 Stunde einweichen.
2. Pürieren. Mit so viel Wasser auffüllen, um 500–550 g flüssigen Crêpeteig zu erhalten. Zimt hinzufügen und alles gut verrühren.
3. Eine Crêpepfanne erhitzen.
4. Eine kleine Kelle Teig in die Mitte der Pfanne geben und zu einer runden Form verstreichen. Den Pfannkuchen bei mittlerer Hitze 3 Minuten backen (bis die Oberfläche trocken ist). Mit einem Spatel vorsichtig wenden und weitere 2 Minuten backen.
5. Mit dem restlichen Teig ebenso verfahren.

Snack à la Datscha

Blinis aus weißen Linsen und Maronen

Diese leckeren Blinis schmecken am besten noch warm direkt aus der Pfanne, oder sie kommen als kleiner Eiweißsnack für zwischendurch in den Picknickkorb. Das Geheimnis dieses leichten, flüssigen Teigs liegt in den vor dem Pürieren eingeweichten Linsen. Zusammen mit Reismilch und Leinsamen wird daraus ein glatter Teig, mit dem sich die vorgegarten Maronen leicht verrühren lassen. Die Reismilch bringt eine feine süßliche Note ins Spiel und unterstreicht das Aroma der Maronen.

Planung

Einweichen: 1 Stunde

Zubereitungszeit: 5 Minuten

Garzeit: 50 Minuten

Ergibt 7–8 Blinis

Zutaten

100 g weiße Linsen • 100 g vorgekochte Maronen (gibt es vakuumverpackt im Handel) • 1 EL Leinsamen • 350 ml Reismilch (oder eine andere pflanzliche Milch)

Zubereitung

1. Die Linsen spülen, mit kochendem Wasser übergießen und 1 Stunde einweichen. Abgießen und abtropfen lassen.
2. Die Linsen zusammen mit den Maronen, den Leinsamen und der Reismilch pürieren. Der Teig sollte etwas dickflüssiger sein als klassischer Crêpeteig.
3. Eine kleine Kelle Teig in die Mitte einer Crêpepfanne geben und bei mittlerer Hitze in 4 Minuten zu einer fingerdicken Scheibe ausbacken (bis die Oberfläche trocken wird). Mit einem Spatel vorsichtig wenden und weitere 3 Minuten backen.
4. Mit dem übrigen Teig ebenso verfahren.

Miscela di lenticchie

Eine bunte Trockenmischung aus verschiedenen Linsen, geröstetem Reis und Buchweizen

Wenn wir an Florenz denken, denken wir als Erstes an das obere Stockwerk der Markthalle des Mercato Centrale, wo Obst und Gemüse aus der Toskana und anderen Regionen Italiens angeboten wird. Die Stände brechen unter der Fülle frischer Produkte beinahe zusammen. Durch die Gänge weht der Duft von Gewürzen und Trockenfrüchten, aus riesigen Säcken leuchten einem Hülsenfrüchte in allen Farben entgegen. Das Besondere an der von uns zusammengestellten Mischung ist, dass die Linsen, ebenso wie der Vollkornreis und die Buchweizenkörner, in der Pfanne geröstet werden. Das gibt ihnen ein intensives biskuitartiges Malzaroma. Der gebräunte Buchweizen verleiht der Mischung den nussigen Geschmack von hausgemachtem Kascha, einem russischen Brei aus geröstetem Buchweizen. Aus dem schwarzen oder roten Reis wird beim Rösten Puffreis. Die goldbraun gerösteten roten Linsen bewahren beim Kochen ihre Festigkeit. Diese Mischung, in der die geballte Energie pflanzlicher Proteine steckt, lässt sich auf Vorrat leicht selbst herstellen und als Ergänzung zu Gemüse, zu Minestrone oder als Pesto zubereiten. Die beste Grundlage für eine vollwertige, ausgewogene Mahlzeit.

Planung

Zubereitungszeit: 15 Minuten

Garzeit : 5 Minuten

Menge: 150 g der Mischung reichen für 2 Mahlzeiten

Zutaten

25 g rote Linsen • 25 g schwarzer (oder roter) Reis • 25 g Buchweizenkörner • 2 getrocknete Tomaten • 2 getrocknete Shiitake • 25 g grüne Linsen • 25 g Belugalinsen • 25 g weiße Linsen

Zubereitung

1. Rote Linsen, Reis und Buchweizenkörner in einer Pfanne ohne Fett rösten. Sobald die Buchweizenkörner leicht gebräunt sind, vom Herd nehmen und beiseitestellen.
2. Die getrockneten Tomaten und Shiitake in kleine Stücke schneiden. Mit den gerösteten Linsen und Körnern in einer Schüssel vermengen. Die anderen Linsensorten daruntermischen.
3. In einem luftdicht abgeschlossenen Gefäß bei Zimmertemperatur aufbewahren.

Trattoria Firenze

Eine leckere Gemüsepfanne mit vier Linsensorten, Reis und Buchweizen

Nach unserem Marathonlauf durch die Museumsstadt Florenz sind wir zur Belohnung in eine familiäre Trattoria im Zentrum der Altstadt eingekehrt. Selten haben wir auf so leckere Weise unsere Energiereserven wieder aufgetankt: Auf der Speisekarte stand als Tagesgericht ein wunderbares Risotto aus Reis und Linsen mit zartem Gemüse, eine leckere Kombination aus unserer „Miscela di lenticchie" (siehe Seite 94) mit traditionellem Minestrone-Gemüse: Zwiebeln, Tomaten, Karotten und Sellerie. Die Flüssigkeit wird beim Garen absorbiert, dadurch bekommen Reis und Linsen ein intensives Aroma, und das Gemüse wird so zart, dass es auf der Zunge zergeht. Die pure Verführung!

Planung

Zubereitungszeit: 15 Minuten

Garzeit: 30 Minuten

Für 1 Person

Zutaten

1 rote Zwiebel • Saft einer Zitrone • 2 Tomaten • 1 Karotte • 2–3 Stangen Sellerie • Wasser • 75 g „Miscela di lenticchie" (siehe Seite 94)

VARIANTE

Wenn man bei Schritt 2 der Zubereitung eine größere Menge Wasser hinzufügt, wird aus dem Risotto eine leckere Gemüsesuppe "à la Minestrone".

Zubereitung

1. Die Zwiebel in sehr feine Ringe schneiden und bei starker Hitze in einer Pfanne ohne Fett anbräunen. Den Zitronensaft hinzufügen. Das übrige Gemüse klein schneiden und zu der Zwiebel in die Pfanne geben. Bei mittlerer Hitze 5 Minuten karamellisieren lassen.
2. So viel Wasser hinzugießen, dass das Gemüse gut bedeckt ist. Die „miscela di lenticchie" dazugeben und gut verrühren. Bei geschlossenem Deckel weitere 20 Minuten bei mittlerer Hitze garen. Wie bei einem Risotto etwas Wasser nachgießen, falls die Flüssigkeit während des Garens vollständig aufgenommen wurde.

Tiffin
Kleine knusprige Kuchen aus roten Linsen, Reis und Gemüse

„Tiffin“ ist die angloindische Bezeichnung für eine leichte Lunch-Box-Mahlzeit aus Linsen, Reis, Gemüse und einer scharfen Soße. Die Mischung aus roten Linsen und rotem Bioreis enthält vollwertige pflanzliche Proteine und sogenannte „langsame“ (langsam verwertbare) Kohlenhydrate, eine Quelle lange anhaltender Energie und Vitalität. Das daraus frisch gemahlene Mehl ist reich an Ballaststoffen und Mineralien und gibt den runden Küchlein einen intensiven Geschmack sowie eine beeindruckende lachsrote Farbe. Gemüse und Erdnussbutter machen aus ihnen eine leckere, ausgewogene Spezialität. „Tiffin“ ist eine ideale Zwischenmahlzeit für unterwegs, ein eiweißreicher Energiesnack nach dem Sport, eine Ergänzung zu einem Picknick oder zusammen mit frischer Rohkost auch eine schnelle Mahlzeit für die gesunde Mittagspause.

Planung

Zubereitungszeit: 15 Minuten

Garzeit: 40 Minuten

Ergibt 5–6 kleine Kuchen von 6–8 cm Durchmesser

Zutaten

100 g rote Linsen
• 100 g roter (oder schwarzer) Reis • 1 Zwiebel
• 1 Stange Porree ohne Grün (ca. 150 g)
• 1 schöne Tomate • 1 EL Erdnussbutter
• schwarzer Pfeffer

Zubereitung

1. Den Backofen auf 180 °C vorheizen.
2. Linsen und Reis fein mahlen.
3. Die Zwiebel und den Porree in feine Scheiben schneiden und etwa 10 Minuten dampfgaren. Die Tomate in kleine Stücke schneiden. Das Gemüse vermengen, die Erdnussbutter unterrühren und pfeffern.
4. Zu der flüssigen Mischung das frisch gemahlene Mehl geben und alles zu einem Teig verarbeiten.
5. Ein Backblech mit Backpapier auslegen. Mithilfe einer runden Ausstechform aus Metall die Küchlein formen: In die Mitte der Form etwas Teig geben, mit der Rückseite eines Esslöffels flach drücken und den Metallring entfernen. Mit dem restlichen Teig ebenso verfahren.
6. Im vorgeheizten Ofen 30 Minuten backen.

Die gebackenen Küchlein halten sich im Kühlschrank etwa drei Tage. Sie schmecken kalt oder aufgewärmt, allein oder als Beilage zu Salat oder Wokgemüse.

Haselnusstraum

Eine Porreequiche mit Karotten-Haselnuss-Creme auf einem Teigboden aus Linsen und geröstetem Buchweizen

Bei diesem Gericht kommen grüne Linsen und heimische Haselnüsse zum Einsatz. Haselnüsse sind nicht nur besonders nahrhaft, sondern auch reich an Proteinen, Antioxydantien, Spurenelementen und einfach ungesättigten Fettsäuren. Vor allem aber verleihen sie dem Teig aus Linsen und Buchweizen ebenso wie der Karottencreme dieses Gemüsekuchens ein unvergleichliches Aroma.

Planung

Zubereitungszeit: 35 Minuten

Garzeit: 1 Stunde

Für 2–4 Personen

Zutaten

100 g grüne Linsen • 50 g Buchweizenkörner • 1 EL Leinsamen • 1 EL Haselnussmus • 4 Karotten • 2 Stangen Porree • 60 g Haselnusskerne • schwarzer Pfeffer

Zubereitung

1 Den Backofen auf 180 °C vorheizen.
2. Die grünen Linsen und den Buchweizen in einer Pfanne ohne Fett leicht rösten. Die Leinsamen hinzufügen und alles zusammen fein mahlen.
3. Das frisch gemahlene Mehl mit dem Haselnussmus verrühren und zu einem Teig verarbeiten. Dabei nach und nach anfeuchten. Den Teig in eine Springform von 20 cm Durchmesser geben und mit den Fingern auf dem Boden der Form festdrücken.
4. Im vorgeheizten Ofen 10 Minuten backen.
5. Die Karotten waschen, schälen und in runde Scheiben schneiden. Mit dem Grün des Porrees (nach Belieben) und 30 g Haselnusskernen 5–10 Minuten dampfgaren. So werden die Kerne weich und lassen sich zusammen mit den Karotten leichter pürieren.
6. Den Porree in feine Ringe schneiden. Die restlichen Haselnüsse mit einem Messer grob hacken.
7. Sobald der Teig gebacken ist, als Erstes eine Schicht Porree auf dem Boden verteilen, darüber eine dünne Schicht Karottencreme. Abwechselnd so fortfahren und mit einer Cremeschicht abschließen. Die gehackten Haselnüsse darüberstreuen und leicht pfeffern.
8. Bei 180 °C weitere 40 Minuten backen.

Belugatürme
Vielschichtiges aus Aubergine und „Belugakaviar“

Der Name dieser hübschen kleinen schwarzen Linsen brachte uns auf die Idee zu unserer „Kaviar“-Kreation aus Belugalinsen und Norialgenblättern. Die Einladung zu einem Fest war Anlass, sich eine besondere Präsentation einfallen zu lassen. So entstanden unsere Kaviartürmchen mit gegrillten und in Orangensaft glasierten Auberginenscheiben.

Planung

Zubereitungszeit: 20 Minuten

Garzeit: 20 Minuten

Für 2 Personen

Zutaten

50 g Belugalinsen • 1 Aubergine • Saft einer Orange • 1 getrocknetes Norialgenblatt • Saft einer halben Zitrone

Zubereitung

1. Die Linsen unter klarem Wasser gründlich spülen, um Verunreinigungen zu entfernen.
2. In der doppelten Menge Wasser bei schwacher Hitze wie auf der Verpackung angegeben weich kochen (Belugalinsen ungefähr 10 Minuten).
3. Abgießen und abtropfen lassen.
4. Die Aubergine waschen und in 1 cm dicke Scheiben schneiden. In einer Pfanne ohne Fett alle Scheiben von beiden Seiten leicht anbräunen. Dann den Orangensaft dazugießen und bei mittlerer Hitze reduzieren, bis die Flüssigkeit verdampft ist. Beiseitestellen.
5. Das Algenblatt in kleine Stücke schneiden. Zusammen mit dem Zitronensaft und 3–4 kleineren Auberginenscheiben (den Endstücken) pürieren.
6. Die erhaltene Creme vorsichtig mit den Linsen zu „Belugakaviar“ vermengen.
7. In zwei Türmchen anrichten: Auf der Basis einer Auberginenscheibe abwechselnd 1 EL „Belugakaviar“ und Aubergine aufeinanderschichten.

Sonntagabend-Pizza

Pizza mit Misokrokant und einem knusprigen Boden aus Belugalinsen

Ja, es gibt ihn wirklich: einen Pizzateig, der nicht nur reich an Proteinen, sondern gleichzeitig glutenfrei und arm an gesättigten Fettsäuren ist. Und so einfach geht es: Das frisch gemahlene Mehl von Linsen und geröstetem Buchweizen mit der „Zarten-Böhnchen"-Creme von Seite 68 zu einem Teig verarbeiten. Schon allein der knusprige, würzige Teig ist ein Genuss. Die Bohnencreme bereitet man am besten kurz vor Gebrauch aus gekochten weißen Riesenbohnen frisch zu (aus der eigenen Tiefkühltruhe oder aus der Konserve). Einfach die Zutaten gut verrühren und mit dem Stabmixer pürieren.

Planung

Zubereitungszeit: 30 Minuten

Garzeit: 55 Minuten

Für 2 Personen

Zutaten

50 g Belugalinsen • 100 g Buchweizenkörner • 200 g „Zarte-Böhnchen"-Creme (siehe Seite 68) • 50 ml Wasser • 1 Zucchini • 2 Tomaten • 1 gelbe oder rote Paprika • 3–4 weiße Champignons • 200 ml passierte Tomaten

Garnitur: Misokrokant (siehe Seite 24) oder Hefeflocken und/oder Sesamkörner

Zubereitung

1. Den Backofen auf 180 °C vorheizen.
2. In einer Pfanne ohne Fett Belugalinsen und Buchweizenkörner rösten und fein mahlen.
3. Die „Zarte-Böhnchen"-Creme mit dem frisch gemahlenen Mehl verrühren und zu einem Teig verarbeiten. Eventuell etwas Wasser zugeben.
4. Den Teig auf einem Backblech zu einer 3–4 mm dicken Platte ausrollen. Im vorgeheizten Ofen 10 Minuten vorbacken.
5. Das Gemüse in Scheiben schneiden.
6. Den Pizzaboden aus dem Ofen nehmen und die passierten Tomaten darauf verstreichen. Das geschnittene Gemüse darauf verteilen. Großzügig mit der Garnitur Ihrer Wahl bestreuen.
7. Weitere 45 Minuten bei 180 °C backen.

TIPP

Sie können auch Vollkornbuchweizen- und Linsenmehl verwenden. Dann überspringen Sie einfach Schritt 1 des Rezeptes.

VORSCHLAG: HAUSGEMACHTE TOMATENSOSSE

Zutaten: 1 kleine rote Zwiebel • 2 Tomaten • 1 getrocknete Tomate • Thymian und Rosmarin

1. Zwiebel und Tomaten in feine Scheiben und die getrocknete Tomate in kleine Stücke schneiden. Mit den Kräutern mischen und bei schwacher Hitze in der Pfanne 20 Minuten garen.
2. Pürieren und in einer Schale abkühlen lassen.

Grüße aus der Champagne

Auflauf mit glasierten Karotten und einer Creme aus Château-Linsen und würzigem Buchweizen

Die kleinen rosafarbenen Linsen aus der Champagne – auch unter dem Namen Château-Linsen bekannt – verdanken ihren feinen süßlichen Geschmack den Kreideböden, auf denen sie zwischen Champagne und Ardennen angebaut werden. Im Zusammenspiel mit Buchweizen eignen sie sich hervorragend für diese proteinreiche Creme. In Orangensaft und Balsamico glasierte Karotten und Schalotten werden von ihr fein umhüllt.

Planung

Einweichen: 1 Stunde

Zubereitungszeit: 25 Minuten

Garzeit: 1 Stunde

Für 2 Personen

Zutaten

2 Karotten (200 g) • 5–6 Schalotten

Glasur: Saft einer Orange • 1 EL Balsamico • 1 TL Olivenöl • 1 TL Rosmarin • schwarzer Pfeffer

Creme: 50 g Château-Linsen (oder rote Linsen) • 50 g Buchweizenkörner • 1 EL Leinsamen • 2 getrocknete Tomaten • 1 TL Sojasoße • 1 EL Mandelmus (oder Tahin) • ¼ TL Kurkuma • ½ TL Zimtpulver • schwarzer Pfeffer

Zubereitung

1. Linsen und Buchweizenkörner gründlich spülen und zusammen mit den Leinsamen in 400 ml siedendem Wasser 1 Stunde garen.
2. Den Backofen auf 160 °C vorheizen.
3. Karotten und Schalotten in grobe Stücke schneiden. Bei starker Hitze in einer Pfanne ohne Fett 3 Minuten anbraten.
4. Die Zutaten der Glasur verrühren und über das Gemüse geben. Die Soße bei schwacher Hitze reduzieren, bis sie das Gemüse nur noch knapp bedeckt. Das glasierte Gemüse in eine Auflaufform füllen.
5. Alle Zutaten der Creme pürieren (inklusive Wasser) und über das Gemüse gießen.
6. Im vorgeheizten Ofen 60 Minuten backen. Nach Ende der Backzeit etwas abkühlen lassen und lauwarm servieren.

Korallenrot

Orangen-Dattel-Cookies aus roten Linsen

Diese knusprigen Tee- oder Kaffeekekse lässt man sich in Holland traditionell nach einer schönen Fahrradtour schmecken. Die gerösteten roten Linsen bekommen einen erstaunlich nussigen Geschmack, der sich zum Plätzchenbacken geradezu anbietet und sich mit dem Aroma von Orangenschalen und der feinen Süße der Datteln verbindet. Durch die hellen Leinsamen bleiben die knusprigen Cookies in der Mitte wunderbar locker. Leinsamen zählen zu den wichtigsten pflanzlichen Omega-3-Lieferanten. Bei Kontakt mit Wasser quellen sie auf und setzen einen Schleimstoff frei, der wie ein Bindemittel wirkt und den Teig geschmeidig macht. Zum Backen ziehen wir helle Leinsamen den dunklen vor, weil sie nicht nur leichter zu mahlen, sondern auch feiner im Geschmack sind.

Planung

Zubereitungszeit: 20 Minuten

Garzeit: 20 Minuten

Ergibt etwa 12 Cookies

Zutaten

6 entsteinte Datteln • 2 EL helle Leinsamen • 1 Bioorange (Saft, Fruchtfleisch und Schale) • 200 g rote Linsen • 2 EL Sonnenblumenkerne

Zubereitung

1. Den Backofen auf 180 °C vorheizen.
2. Die Datteln in kleine Stücke schneiden. Zusammen mit den Leinsamen, dem Saft und Fruchtfleisch der Orange einweichen. Beiseitestellen.
3. Linsen und Sonnenblumenkerne in einer Pfanne ohne Fett anrösten und fein mahlen. Das Mehl in eine Schale geben und die abgeriebene Orangenschale hinzufügen.
4. Die Datteln und Leinsamen zusammen mit dem Einweichsaft pürieren.
5. Die pürierte Masse löffelweise mit dem frisch gemahlenen Mehl vermengen und zu einer Teigkugel verarbeiten.
6. Ein Blech mit Backpapier auslegen. Aus dem Teig kleine Kugeln von der Größe eines Golfballs formen, auf das Backpapier setzen und mit einer Gabel flach drücken.
7. Im vorgeheizten Ofen 20 Minuten backen.

VORSCHLAG: OBSTKUCHEN

Es ist Sommer, und der Obstgarten des Nachbarn quillt über vor reifen Früchten? Dann backen Sie doch mit dem Cookieteig im Handumdrehen einen Obstkuchen. Folgen Sie der Anleitung bis Schritt 5. Dann mit dem ausgerollten Teig eine Tarteform auslegen und den Boden 10 Minuten vorbacken. Die frischen Früchte darauf verteilen und weitere 10 Minuten backen.

Erdnüsse: Noch mehr Hülsenfrüchte

Aber ja, die Erdnuss gehört nicht zu den Nüssen, sondern ist, genau wie die Erbse, eine Hülsenfrucht!
Sie hat zwar einen etwas höheren Fettgehalt als ihre Verwandten, aber ein ebenso ausgezeichnetes Nährwertprofil. Ob im Ganzen, gemahlen oder in Form einer Creme – für Erdnüsse gibt es in der Küche zahlreiche Verwendungsmöglichkeiten. Im Biohandel findet man natürliche pflanzliche Butter, die aus gemahlenen Erdnüssen besteht.
Um sie leichter verdaulich zu machen, kann man Erdnüsse einweichen und sie dann wie die Bohnen im Rezept „Scharfe Bohnen" (siehe Seite 66) rösten.

In Form von Erdnussbutter finden sie in folgenden Rezepten Verwendung:

INHALTSVERZEICHNIS NACH SPEISEN

BEILAGEN

SOSSEN

DESSERTS

SNACKS

BROTAUFSTRICHE

DRINKS

KECKSE

Cécile und Christophe Berg

Smoothies

Das trendige Ganzfrüchtgetränk aus den USA mit Obst oder Gemüse zubereitet erfreut sich auch bei uns immer mehr Liebhaber. Dieses Buch bietet leckere und gesunde Smoothie-Kreationen und das ganze ohne die Verwendung von Konzentraten, Konservierungsmitteln, oder anderen Zusatzstoffen. Schnell und unkompliziert in der Zubereitung lassen sich Smoothies täglich genießen.

72 Seiten · farbig · Klappenbroschur
ISBN 978-3-8404-7020-2

Ilka Irle

Lecker, leicht, vegan!

Die vegane Küche verzichtet gänzlich auf tierische Produkte und ist dabei trotzdem ausgewogen und lecker. Neben herrlichen Rezepten, finden Sie in diesem Buch auch eine Liste mit Zutaten in denen „tierische Produkte" versteckt sind und eine Liste veganer Alternativen zu herkömmlichen tierischen Lebensmittel.

96 Seiten · farbig · Klappenbroschur
ISBN 978-3-8404-7016-5

Ilka Irle

Süß, lecker und vegan!

Dieses Buch bietet vollwertigen Genuss für die kleinen und großen Dessert-Genießer, und das nicht nur für Veganer! Wichtige Informationen zu versteckten tierischen Erzeugnissen in Lebensmittel und die pflanzlichen Alternativen ergänzen die leckeren Rezepte. In diesem Buch sollte wirklich jeder sein Lieblingsdessert wieder finden.

96 Seiten · farbig · Klappenbroschur
ISBN 978-3-8404-7017-2

Dr. Claudia Nichterl

Die Fünf-Elemente-Küche Vegetarisch

Vom Frühstück bis zum Abendessen können Sie aus verschiedensten vegetarischen Rezepten nach der Fünf-Elemente-Küche wählen. Jedes der Gerichte kann schnell und einfach aus heimischen Zutaten hergestellt werden und ist dabei nicht nur wohltuend und bekömmlich, sondern vor allem genussvoll.

96 Seiten · farbig · broschiert
ISBN 978-3-7040-2240-0

av BUCH

avBuch im Cadmos Verlag GmbH · Möllner Straße 47 · 21493 Schwarzenbek
Tel. 04151-87 90 7-0 · Fax 04151-87 90 7-12
Besuchen Sie uns im Internet: **www.cadmos.de · www.cadmos.at**

Suppen und Eintöpfe

Vor allem in Herbst und Winter sind Suppen und Eintöpfe heiß begehrt. Doch auch in anderen Jahreszeiten können sie richtig gut schmecken. Dieses Buch bietet Rezepte für jede Jahreszeit, die nicht nur köstlich schmecken, sondern auch leicht nachzukochen sind. Zusammengefügt in einem Buch finden Sie hier die besten Rezepte aus einem Rezeptwettbewerb vom Cadmos Verlag und dem Bauerblatt Verlag.

128 Seiten · farbig · gebunden
ISBN 978-3-8404-3517-1

Dr. Claudia Nichterl

Warmes für kalte Tage

Wärmende Gerichte sorgen für ein wohlig warmes Gefühl und fördern die Durchblutung des Körpers. Hierdurch erhält man ein Schutzschild, dass nicht nur gegen die Kälte von außen hilft, sondern auch den Körper vor Krankheitserregern schützt. Die thermische Heilwirkung diverser Lebensmittel, sowie die Wirkungsweise spezieller Lebensmittel wird in diesem Buch erläutert und mit leckeren Rezepten bereichert.

96 Seiten · farbig · Klappenbroschur
ISBN 978-3-8404-7023-3

Anne Bieback/Christiane Wolfram

Vollwertgenuss von früh bis spät

Genießen Sie vegetarische Vollwert-Kost den ganzen Tag. Ein vollwertiges und vitalstoffreiches Essen enthält von Natur aus alle Stoffe, die unser Organismus benötigt um dauerhaft gesund zu bleiben. Ausreichend vorhanden sind diese Stoffe in naturbelassenden Lebensmitteln, welche die Basis für die Rezepte in diesem Buch bilden. Unterstützen Sie Ihre Gesundheit mit diesen leckeren Rezepten.

128 Seiten · farbig · broschiert
ISBN 978-3-8404-7010-3

Anne Bieback/Christiane Wolfram

Süßer Vollwertgenuss

Mit diesen leckeren Rezepten für Pralinen, Kuchen und Desserts machen Sie nicht nu Ihrem Gaumen Freude, sondern tun auch noch gleichzeitig etwas für Ihre Gesundhei Dies gelingt, weil die Rezepte mit naturbelassenen Lebensmitteln Alternativen zu der herkömmlichen verwendeten Fabrikzucker, künstliche Fetten und Auszugsmehlen bie ten. So lassen sich Torten, Süßigkeiten und Co. ohne Reue genießen.

96 Seiten · farbig · broschiert
ISBN 978-3-8404-7022-6

av BUCH

avBuch im Cadmos Verlag GmbH · Möllner Straße 47 · 21493 Schwarzenbek
Tel. 04151-87 90 7-0 · Fax 04151-87 90 7-12
Besuchen Sie uns im Internet: **www.cadmos.de · www.cadmos.at**